LA CONFESIÓN DE TODA LA VIDA

CUATRO SEMANAS DE DESPERTAR A LA MISERICORDIA, A LA SANACIÓN Y A LA PAZ

Traducción Española ~ Jose-Paulino Lozada
Revisión: José Oyanguren

WILLIAM M. WATSON, SJ

Sacred Story Press
1401 E Jefferson St., STE 405
Seattle, WA 98122, USA

IMPRIMI POTEST
Rev. Scott R. Santarosa, S.J.

IMPRIMÁTUR
J. Peter Sartain
Arzobispo de Seattle

ISBN-13: 978-1978410282
ISBN-10: 197841028X

Dedicado a Nuestra Señora del Camino.
A menos que se indique lo contrario, las Citas de las Escrituras Sagradas son de: *La Biblia de las Américas, The Lockman Foundation, Copyright © 1997*. Utilizado con permiso del editor.

Diseño y fotografía de la portada: William M. Watson, SJ

Otros libros de William Watson, S.J.

Mi Relato Sagrado:
Un Examen Ignaciano para el Tercer Milenio

Invitando a Dios a Tu Vida:
Guía Práctica Para Orar

Reflexiones y Homilías: Colección Gonzaga

Rosario de la Hstoria Sagrada:
Una Manera Ignaciana de Rezar los Misterios

Sagrada Historia: Afirmaciones

Mi Sagrada Historia Misal

Comprendiendo el Mundo Espiritual

DEDICACIÓN

Inicialmente publicado en inglés en el año de El Jubileo de la Misericordia, este libro está dedicado a todos los que necesitan descubrir cuan compasivo, paciente y misericordioso es Jesucristo para aquellos que anhelan su sanación y su perdón.

Se dedica especialmente a los sacerdotes que, como receptores del perdón de Cristo, pueden ser Cristo a los demás en este gran sacramento de sanación, misericordia y paz.

Es mi oración que, muchos miles de sacerdotes y laicos tengan acceso a la misericordia, el consuelo, la sanación y la paz interior de Cristo Jesús a través de *La Confesión de Toda la Vida.*

Fr. Bill Watson, SJ
5 de mayo de 2016
Fiesta de la Asunción

ÍNDICE

Reconocimientos

Extiendo mi sincero agradecimiento a los miles de laicos y sacerdotes que han hecho *La Confesión de Toda la Vida* a partir de los libros *Forty Weeks* en inglés y *Cuarenta Semanas,* en español. Que su ejemplo lleve a miles más a encontrar al Médico Divino en este gran sacramento de sanación,misericordia y paz en:
La Confesión de Toda la Vida.

 # Prefacio del Autor

La Práctica del *Examen* y la *Confesión* de Ignacio y los Primeros Jesuitas.

En los primeros meses de su conversión, Ignacio Loyola partió en peregrinación al monasterio benedictino de Monserrat. Cuando llegó, una de las primeras cosas que hizo fue hacer una confesión general. Era el año de 1522 y en ese tiempo él tendría unos treinta años de edad. Ignacio pasó tres días escribiendo su confesión, como era costumbre en ese tiempo.

Era su deseo el hacer la confesión durante la fiesta de la Anunciación. Con las detalladas guías para el *Examen de Conciencia (Examen)*, escritas por el líder benedictino de Monserrat, el abad Cisneros, todas las categorías y sombras de pecado que Ignacio cometió en sus treinta años pudieron catalogarse, anotarse, confesarse y perdonarse.

Esto comienza una práctica para Ignacio, que duraría toda la vida, de ambos: revisar su existencia con su propia manera del *Examen* y la práctica de confesión frecuente. Y lo que San Ignacio practicaba formaría parte del proceso de formación de la *Compañía de Jesús*, así como del régimen espiritual diario para todos los jesuitas.

Al igual que el método de formación de jesuitas de Ignacio, el trabajo pastoral con los laicos no se alejó del enfoque del examen sobre el pecado. Sin embargo, los jesuitas buscaron en general resaltar los aspectos más positivos del crecimiento espiritual y la misericordia de Dios.

El énfasis del pontificado del Papa Francisco sobre la misericordia está profundamente arraigado en su formación ignaciana. Este enfoque positivo y centrado en la misericordia, se ajustaba a la propia experiencia de Ignacio, de la gracia derivada del amor de Dios por él, como un pecador perdonado. Ignacio dijo, tarde en su vida, que él no pensaba que hubiera habido en la historia de la Iglesia, alguien que hubiese pecado tanto como lo había hecho, pero sin embargo hubiera recibido tantas gracias.

La práctica de la confesión frecuente, que Ignacio pudo haber aprendido a través de los escritos de Cisneros, se convierte en una ayuda pastoral que los primeros jesuitas recomiendan ampliamente a todo tipo de personas. Su objetivo era ayudar a un individuo a "comenzar a escribir un nuevo libro de su vida". La aplicación de Ignacio de la confesión general, como una revisión de nuestra vida para ayudar en el crecimiento espiritual, fue causa de su aceptación en corrientes más amplias de la práctica católica.

Los jesuitas ofrecían la mayor parte de su dirección espiritual en el confesionario. Muchos de estos primeros jesuitas habrían traído a su ministerio confesional las experiencias formativas de los *Ejercicios*, donde incluso las meditaciones sobre el pecado en la Primera Semana "fueron ideadas para provocar gratitud".

Aprendiendo a llevar tu vida entera a la reconciliación

La Confesión de Toda la Vida se basa en la Primera Parte de: *Cuarenta Semanas: Un Camino Ignaciano Hacia Cristo con la Oración de Mi Relato Sagrado*. Este método, muy dinámico y holístico, ayudará a integrar la historia de tu vida espiritual, intelectual, psicológica y emocional. Aquellos que lo han completado se han sorprendido de cómo les ayudó a "ver toda su vida" como si fuera la primera vez.

El método *"Confesión de Toda la Vida"* está fundamentado en la espiritualidad ignaciana. Esto significa que se enfoca en ayudar, a aquellos que toman el viaje, a acceder áreas de sus vidas donde más necesitan la sanación de Dios. Para algunas personas, esto significa recordar cosas que deben sacar de la conciencia. Encontrar experiencias del pasado puede crear ansiedad, pero si estas experiencias aun contienen energía que molesta, significa que la persona puede beneficiarse en gran medida con la profunda curación proporcionada por el Médico Divino.

Puesto que el objetivo del viaje de *La Confesión de Toda la Vida* es traer sanación, esperanza y paz, cada persona debe determinar si quiere tomar este viaje. Algunos pueden simplemente no estar preparados para ello, y eso está bien.

La espiritualidad de San Ignacio descansa en la libertad interior del individuo. A nadie se le puede, ni debe, pedir que haga lo que no quiere hacer.

La toma de decisión sobre si participar o no, en el viaje de La Confesión de Toda la Vida, pareciera ser un acto de equilibrio. Debes tomar una decisión basada en un corazón pacífico, no en un corazón ansioso o temeroso. El enemigo de la naturaleza humana (el nombre que San Ignacio daba a Satanás) usa el miedo para evitar que tomemos decisiones que nos acercan a Dios y a nuestra propia paz. Así que, elije libremente, pero elije en la paz y no por temor. Si continúas con el viaje, presta atención a las frecuentes invitaciones para decir en voz alta: ¡No tengas miedo!

Tengo la firme convicción de que si aprendes cómo hacer tu confesión en el método expuesto aquí, y encuentras un confesor regular para este Sacramento (mensualmente se recomienda), casi toda la dirección espiritual que necesitarás en la vida te estará disponible. ¡No tengas miedo!

80

Hay pocos que son capaces de darse cuenta de lo que Dios
podría hacer de ellos si se abandonaran enteramente
en sus manos y se dejaran moldear por su gracia.
Un tronco de árbol, grueso y sin forma,
nunca sospecharía que podría llegar a ser una estatua,
admirada como un milagro de la escultura...
y nunca consentiría someterse al buril del escultor quien,
como dice San Agustín,
ve con su genialidad lo que puede hacer con él.
Mucha gente que, como lo constatamos,
escasamente vive como cristiana,
no entiende que podrían llegar a ser santos,
si se dejaran moldear por la gracia de Dios,
si no arruinaran Sus planes al resistirse a la acción que
Él quiere realizar en ellos [1].

San Ignacio de Loyola

Introducción

Cómo vincularse con La Confesión de Toda la Vida*

San Ignacio se convirtió en un gran guía espiritual al entregar su corazón a Cristo bajo la dirección de la Iglesia. Es el amor perdonador y sanador de Cristo quien destierra el egoísmo y la dureza de corazón, legados del pecado en nuestra historia, transformándolos en una *Historia Sagrada*: fruto que perdura hasta la eternidad.

Siguiendo la sabiduría de Ignacio, todo lo que necesita, para involucrarte en este viaje espiritual de La Confesión de Toda la Vida*, es un corazón generoso y la voluntad de ser transformado por el perdón y la misericordia purificadoras de Cristo. Es el camino estrecho hacia la santidad que la Iglesia ha sostenido durante milenios y, el que sigue cada santo de nuestra historia.

Las lecciones diarias de veinte minutos no son complicadas. Ruega por un corazón generoso y pide a Cristo su ayuda en cada paso del camino. Confía en la sabiduría de la estructura presentada aquí. Resiste la tentación de precipitarte o "rezar las semanas" fuera de su orden natural. ¡Suficientemente simple!

&

Establece una fecha para el servicio de Confesión de Toda la Vida*

Puedes vincularte en este viaje de oración como un individuo o como parte de un grupo. Si estás haciendo esto por ti mismo, puede resultarte beneficioso disciplinarte y programar el tiempo para tu Confesión de Toda la Vida* al comienzo de tu viaje espiritual. Hemos descubierto que los que se preparan para La Confesión de Toda la Vida*, de la misma manera que lo harían para un viaje, obtienen un gran enfoque. ¿Dices que no vas a hacer un viaje? Sí lo vas a hacer, porque en la Confesión de Toda la Vida* comenzarás un nuevo libro en tu vida espiritual.

Para las parroquias o comunidades de fe que estén haciendo esto en grupo, por favor ingresen a nuestro sitio web: sacredstory.net para inscribirse y obtener la membresía, es gratis. Accedan a *Publications*, ahí verán un título: "CUARENTA SEMANAS - Materiales Primarios". Hagan clic en el documento que dice: "El Servicio de Confesión de Toda la Vida". * Hemos desarrollado un método muy efectivo, entonces aprovechen utilizando lo que hemos aprendido al impartir estos servicios. Los materiales están en inglés y damos la bienvenida a voluntarios que desean traducirlos para el SSI al español.

℘

Confía en el proceso

Confía en el proceso y en el ritmo de las disciplinas espirituales presentadas. Han sido probadas y verificadas por los miles de personas que han hecho el proceso de La Confesión de Toda la Vida.

Si eres parte de un grupo que hace estos ejercicios espirituales, mi mejor consejo es disciplinarse a permanecer juntos como un grupo. Es decir, mantener una estructura de 7 días por semana durante cada una de las cuatro semanas. Independientemente de la forma en la que estés realizando estos ejercicios, solo o con un grupo, compréndase que son incrementales, construyendo uno sobre el otro.

Hacerlos lentamente y en orden te ayudará a mantenerte mejor enfocado y vivir en el momento presente. Confía en la estructura, y no leas ni practiques las disciplinas fuera de su orden natural.

Escucha tu corazón, constantemente, en el momento presente. Dios está en el momento presente. De esta manera, el viaje de Confesión de Toda la Vida, por la gracia de Dios y su libre sumisión, te llevará hasta los deseos más profundos de tu corazón.

℘

Cuaresma o Adviento

Si una comunidad de fe usa esto como un programa para la Cuaresma, pueden comenzar el domingo después del Miércoles de Ceniza. Esto les permitirá tener su servicio para La Confesión de Toda la Vida mucho antes de que comience la Semana Santa.

Si estás haciendo esto para la temporada más corta del Adviento, sugerimos comenzar el Trigésimo Tercer domingo justo antes de la Fiesta de Cristo Rey. Esto te ayudará a terminar el año litúrgico con relevancia y te permitirá recibir la Confesión de Toda la Vida la tercera semana de Adviento, un tiempo tradicional en muchas parroquias para la Reconciliación antes de Navidad.

℘

Diario

Adquiere un pequeño cuaderno o diario para el *Viaje de Confesión de Toda la Vida*. Si no hay tareas específicas de jornada para un día en particular, pasa dos minutos al final del ejercicio y escribe una respuesta corta a cada una de las dos siguientes preguntas (Por "corta" queremos decir ½ a 2 oraciones máximo ¡No más!):

1) ¿En el ejercicio espiritual hoy, que aumentó mi fe, esperanza y amor? Se específico y breve.

2) ¿En el ejercicio espiritual hoy, que disminuyó mi fe, esperanza y amor? Se específico pero breve.

୫ଠ

Duración del tiempo para tus ejercicios espirituales diarios

Para tus disciplinas o ejercicios espirituales diarios, te sugiero que pase no menos de quince minutos y no más de treinta minutos. Algunos días tendrán más tema por reflexionar y otros menos. Trata de ser flexible y ser atraído por el Espíritu Santo. Puede ser que en algunos días desees pasar más de treinta minutos. ¡El Espíritu Santo te guiará!

୫ଠ

ജ

"Venid a mí, todos ustedes que están cansado y agobiados,
y yo les daré descanso.
Carguen con mi yugo y aprendan de mí,
pues yo soy apacible y humilde de corazón,
y encontrarán descanso para para su alma.
Porque mi yugo es suave y mi carga liviana. "

Mt 11: 28-30

ജ

PREPARACIÓN DE Tres Días,

PARA

EL VIAJE DE LA CONFESIÓN DE TODA LA VIDA

Toma tres días de preparación para tu viaje de La Confesión de Toda la Vida. El primer día, reflexiona sobre las Reglas del Compromiso. Para el segundo día, lee uno de los cuatro Evangelios del principio al fin. Y el tercer día, escucha la sabiduría sobre el discernimiento espiritual en las Afirmaciones de la Historia Sagrada.

Y... ¡No tengas miedo!

Preparación DÍA 1

Reglas del Compromiso

Bienvenido a tu primer día de preparación para tu viaje espiritual. El amor divino es una relación duradera que Dios te invita a compartir todos los días. Escucha la sabiduría, que se lee a continuación, para ayudarte a preparar y entrar en esta relación con Cristo Jesús en el viaje de La Confesión de Toda la Vida.

✦ Si estás buscando soluciones rápidas a problemas espirituales o psicológicos, pronto perderás la paciencia. La curación completa de tus heridas, y el camino hacia la paz completa, sólo comienza en esta tierra. No alcanzarás ninguna victoria final para lo que te aflige en este lado de la eternidad. Sin embargo, encontrarás el *camino* a esa victoria final y es aquí donde encontrarás la paz.

✦ Si se te pide que realices este viaje espiritual para cumplir con el plan de otra persona, o para cualquier tipo de requisito de programa, dile a tu patrocinador, "no gracias." Debes involucrarte en estas disciplinas espirituales en completa libertad de corazón, de otra manera fracasará su práctica y se socavará su propósito.

Entonces, ¿Cómo debes participar en este viaje de oración? San Ignacio quería personas con corazones generosos y que estuvieran conscientes de que necesitaban la ayuda de Dios.

✦Jesús proclamó que: *los que están sanos no tienen necesidad de médico, sino los enfermos (Mc 2:17).* Todos estamos enfermos y sólo los que están dispuestos a ver sus males espirituales se someterán al abrazo de curación del Médico Divino, en el viaje de Confesión de Toda la Vida. Si sabe que estás enfermo y cree que no puede mejorar sin la ayuda de Dios, bienvenido.

✠ Jesús calmó la tormenta que aterrorizó a sus discípulos (Mc 5, 35-41). Participa en el viaje de la Confesión de Toda la Vida si estás angustiado por el caos en tu vida y cree que Dios te está llamando a una playa segura.

✠ Jesús puede curar enfermedades crónicas, pero Él ha venido a perdonar nuestros pecados y abrirnos la vida eterna (Lc. 5, 17-26). Participa en el viaje de la Confesión de Toda la Vida si quieres experimentar el poder de Jesús para perdonar tus pecados.

✠ Jesús alentó a Juan el Bautista y a sus seguidores a no ofenderse ante Él cuando su fe en Cristo les trajo sufrimientos y amenazas (Mt 5, 2-6). Involúcrate en el viaje de la Confesión de Toda la Vida si la práctica de tu fe en Cristo te está causando sufrir persecución. Mantén firme tu creencia en Él como el Hijo de Dios y no te ofendas.

✠ Jesús invitó a los cansados y a los sobrecargados a encontrar descanso en Él (Mt 11, 25-30). Involúcrate en el viaje de Confesión de Toda la Vida si estás cansado con tu vida y te encuentras sobrecargado.

✠ Jesús invitó a un joven rico a entregar sus posesiones y a seguirlo (Mc 10, 17-25). Involúcrate en el viaje de Confesión de Toda la Vida si estás listo para dejar ir lo que te está reteniendo y estás dispuesto a seguir un nuevo camino.

✠ Jesús invitó a Zaqueo a bajar de su árbol y seguirle a casa (Lc 19, 1-10). Involúcrate en el viaje de Confesión de Toda la Vida si tu privilegio, posición y lugares de honor no te han traído la paz, la seguridad y la esperanza que prometieron.

✠ Jesús invitó a la mujer de Samaria a beber el agua viva que lleva a la vida eterna (Jn 4: 4-42). Participa en el viaje de la Confesión de Toda la Vida si estás listo para deshacerte del cinismo de las relaciones y amores fallidos, estás dispuesto a perdonar y a estás dispuesto a seguir adelante con tu vida.

✠ Jesús reprendió a la ansiosa Marta, para que permitiera que María se sentara a sus pies (Lc 10, 38-42). Involúcrate con el viaje de Confesión de Toda la Vida si estás listo para sentarte un rato, cada día, y escuchar el Reino interior.

✠ Jesús invitó a Pedro a unirse a Él en Su obra (Lc 5, 10-11). Involúcrate en el camino de la Confesión de Toda la Vida si confías en que tus pecados, adicciones y fracasos no limitarán el deseo de Jesús de tomar tu mano, como a un discípulo, mientras escribes tu Historia Sagrada.

✠ Jesús demandó conocer los nombres de los demonios de Geraseno (Mc 5,1-20). Involúcrate en el viaje de Confesión de Toda la Vida si estás cansado de tus demonios espirituales, psicológicos y materiales. Bienvenido al camino de la Confesión de Toda la Vida si estás dispuesto a nombrarlos, con Jesús a tu lado, y permitir que Él te libere y sane de las tinieblas espirituales y psicológicas -hábitos, pecados y adicciones- que te roban la libertad y la paz.

✠ Dios invitó a la Santísima Virgen María a no temer sino a decir *sí* y participar en el plan eterno de salvación (Lc 1, 26-38). Involúcrate en el camino de la Confesión de Toda la Vida si estás listo para dejar que tu corazón sea el hogar de Cristo y así trabajar con Él en la reconciliación universal.

✠ Jesús invitó a sus discípulos a cenar con él (Jn 15, 1-17). Entra en el viaje de la Confesión de Toda la Vida si desea un amor, una alegría y una paz ilimitados "participa en los sufrimientos de Cristo para que podamos compartir Su gloria' ".

✠ Jesús invitó a todos los que deseaban seguirlo a sacrificarse, a recoger su cruz diariamente, y a seguirle (Lc. 9, 23). Involúcrate en el viaje de la Confesión de Toda la Vida si puedes permitir, de buen grado, que Cristo remueva tu narcisismo y, por Su gracia, transforme tu vida en Historia Sagrada.

✠ Jesús invitó a sus discípulos a guardar un corazón vigilante, a rechazar la disipación y la embriaguez, y a evitar quedar atrapados en las angustias de la vida, para no ser tomados por sorpresa el día del Hijo del Hombre (Lc 21,34-36). Involúcrate en el camino de la Confesión de Toda la Vida si hoy es tu día para escuchar al Hijo del Hombre y volver a Dios con todo tu corazón.

ℰↃ

Preparación DIA 2

Bienvenido a tu segundo día de preparación para tu viaje espiritual. Para este, tu preparación espiritual del segundo día, tomaremos el tiempo necesario para leer, con oración y reflexión, uno de los cuatro Evangelios. Muchos de nosotros nunca hemos tomado el tiempo para escuchar la historia de Jesús leyendo y orando, de principio a fin, uno de los cuatro relatos que nos dejaron sus primeros seguidores. Sólo lee uno de los Evangelios, pero léelo reflexivamente y con oración, en un lugar de soledad tranquila. Este lugar puede estar en casa o en algún otro lugar favorito donde te guste estar solo, en paz y con tranquilidad. Tal vez será tu lugar de oración para estas próximas 4 semanas, para permitir que Jesús revele tu Historia Sagrada. ¿Qué Evangelio debes leer?

--**San Mateo** escribe para convencer a los judíos de que Jesús es de hecho el Mesías prometido, el Rey Davídico predicho por los profetas.

--**San Marcos** revela a Jesús como el verdadero Hijo de Dios que sufrió y murió para lograr la victoria completa sobre la enfermedad, el pecado y la muerte.

--**San Lucas,** el médico, escribe para revelar a Jesús como la promesa y la esperanza de los pobres y los débiles.

--**San Juan**, el místico, revela a Jesús como el Logos, la Palabra de Dios que, con el Padre, preexistió a la creación y es Aquel que nos salvará.

Lee el Evangelio que inmediatamente hable a tu corazón en este momento de tu vida. No apresures su lectura, no hay prisa. Disfruta La Historia de Aquel que te creó y mediante su nacimiento, vida, pasión, muerte y resurrección, te ha ofrecido vida eterna a través del perdón de tus pecados.

Jesús es real y quiere formar parte de tu vida diaria. Él quiere una relación contigo. Él espera ser tu esperanza, tu perdón y tu paz. Abre tu corazón a Él al leer Su SAGRADA HISTORIA.

෫ා

Preparación DÍA 3

Afirmaciones de la historia sagrada

Bienvenido a tu tercer día de preparación para tu viaje espiritual. Durante el tercer día de tu preparación para entrar al viaje de Confesión de Toda la Vida, escucha las *Afirmaciones*. Estas esbozan la mayoría de las realidades que encontrarás en tu viaje espiritual durante la jornada de Confesión de Toda la Vida.

Como parte de tus primeras disciplinas espirituales de este proceso, toma algunos días para contemplar reflexivamente estas *Afirmaciones,* para tu práctica de la Historia Sagrada. Utiliza tus 15 minutos de tiempo de oración de la Historia Sagrada para este propósito. Toma los días que desees y escucha atentamente a ellas. No limites el número de días o sesiones que sean necesarias. Tu corazón, por su tranquilidad, te llevará a los ejercicios siguientes en el momento adecuado. Confía en la gracia de Dios, trabajando en tu corazón, para guiarte.

Al escuchar las *Afirmaciones* de la Historia Sagrada, está atento a todas las personas, eventos y asuntos en tu vida. Se especialmente atento a las cosas que causan miedo, estrés, ansiedad, enojo o pena. Cuando estos sentimientos / emociones emerjan, observa *cómo y si,* se conectan con las *Afirmaciones* que está contemplando. Siempre escucha atentamente, con el corazón en la mente, a los eventos, asuntos y personas a lo largo de la historia de tu vida. Se curioso; escucha cómo o por qué estos eventos, asuntos y personas pueden estar vinculados a la dimensión espiritual, emocional y moral de tus experiencias. Una vez más, presta especial atención a aquello que pudieran estimular el dolor, la ansiedad, el estrés, el enojo o el miedo.

La Confesión de Toda la Vida enfoca la atención en cosas que tienen aspectos opuestos: placenteros e incómodos. Pero como San Ignacio aprendió, concentrar la atención en las cosas difíciles puede ser más fructífero para nuestro crecimiento espiritual que concentrarse en las cosas agradables. Los aspectos incómodos de tu historia de vida tienen el potencial de robarte esperanza, alegría, amor y libertad. Puedes experimentar una paz más profunda y duradera dejando que surjan dificultades y permitiendo que el Médico Divino te cure. No tenemos nada que temer con Cristo a nuestro lado. Toma el tiempo que necesites para reflexionar hoy sobre las *Afirmaciones* de tu *Historia Sagrada* y consúltalas frecuentemente en tu viaje de cuatro semanas a Cristo en tu Confesión de Toda la Vida.

8️⃣

Afirmaciones del Relato Sagrado

Mi Relato Sagrado se escribe a lo largo de toda mi vida.

No tengas miedo:
El temor viene del enemigo de mi naturaleza humana.

El camino hacia la salud y la paz de Dios,
pasa por mi corazón quebrantado
por el pecado, el temor, la rabia y la tristeza.

Dios resuelve todos mis problemas con tiempo y paciencia.

℘

Tendré dificultades en esta vida.

Solo hay dos formas de manejar mis dificultades.
Una me lleva a la vida y la otra a la muerte.
Yo escojo la vida.

℘

"Imposible" es una palabra que no existe en el vocabulario de Dios.

Mi Relato Sagrado me lleva a la libertad y la autenticidad,
aunque no siempre me haga sentir feliz.

℘

Las grandes tragedias de mi vida pueden transformarse
en mis mayores bendiciones.

Los tiempos de paz y esperanza siempre llevan
a tiempos de dificultad y estrés.

Los tiempos de dificultad y estrés siempre
llevan a tiempos de paz y esperanza.

༄

Nunca me cansaré de pedir ayuda a Dios,
puesto que Dios aprecia mis súplicas.

La tentación de abandonar la práctica de Mi Relato Sagrado
llega siempre antes de mis grandes logros.

༄

Dios me guia, no porque sea mejor que otros
sino porque soy amado.

La orientación y gracias que necesito para avanzar en el camino
de mi vida
llegan en el momento preciso.

༄

Mi compromiso personal con *La Confesión de Toda la Vida* logra,
a través de Cristo,
una obra con sentido eterno.

La inspiración puede tener una fuente divina o demoníaca.
Oro pidiendo la gracia para saber discernir la una de la otra.

༄

Cristo, quien caminó antes que yo, comparte cada una de mis cargas.
Cristo, quien caminó antes que yo, me ayudará a resolver mis crisis.
Cristo, quien caminó antes que yo, conoce cada una de mis
esperanzas.

Cristo, quien caminó antes que yo, conoce todo lo que me hace
sufrir.
Cristo, quien caminó antes que yo, me llevará seguro a casa.

༄

Lucharé para vencer la tentación de reaccionar
mal ante personas o eventos.
Me preguntaré qué causa mi rabia e irritación ante personas y
eventos.
Buscaré identificar la fuente de mi rabia e irritación.
Daré gracias por todo lo que me enfurece o irrita,
porque identificar su fuente me ayudará a ser libre.

Lucharé por escuchar, mirar y orar; escuchar, mirar y orar.
¡Escucharé, miraré y oraré!

૪૭

Todos hemos sido mortalmente heridos espiritual, psicológica y
físicamente
por el pecado original y la pérdida del paraíso.

Viajar con Cristo a la raíz de mis pecados y adicciones
me ayudará a romper las cadenas que me atan.

No gastaré tiempo preocupándome por mis pecados y fallas.
Usaré mi tiempo sabiamente y pediré la ayuda de Dios
para entender la fuente de mis pecados y debilidades.
Confiaré en Cristo que viene a curar mis heridas.

૪૭

Solo puedo permitir que Cristo transforme mi vida en un Relato
Sagrado.
El proceso comienza cuando pido la gracia para
nombrar honestamente mis pecados y adicciones.

El proceso continúa cuando invito a Cristo a iluminar mi narcisismo.
Solamente la gracia y la misericordia de Dios
pueden escribir mi Relato Sagrado.

૪૭

Lucharé a diario para tomar la cruz, porque me lleva a la vida.

A medida que me acerque a la santidad, veré y sentiré mejor
el desorden del pecado en mi vida.

Mientras más experimente el desorden del pecado,
más tentado estaré de no creer que mi vida es un *Relato Sagrado*.

El camino para vencer la tentación es entregar
mi incapacidad a Dios.

౸

Nunca es tarde para abrir mi corazón a Cristo
y vivir mi vida como *Relato Sagrado*.
Cristo, quien es cercano a quienes tienen su corazón destrozado,
restaura mi inocencia perdida.

El camino hacia mi *Relato Sagrado*
está en aceptar la curación y el perdón
del divino medico cada día de mi vida.

౸

Tu corazón está preparado y has despertado al camino que seguirás.
Confía en él. Recuerda: No te adelantes en la lectura. No hagas los
ejercicios que están más adelante. Sé consciente del momento
presente. Toma cada día, cada ejercicio como viene.

౸

La Confesión de Toda la Vida inicia una relación que
me sostendrá por el resto de mi vida.
Voy a aprender lo esencial y a
luchar por abrir mi corazón a Dios.

Confío en que Dios me guiará.

Toda relación requiere tiempo y paciencia.
Voy a luchar por la paciencia
y pedir la ayuda de Dios cuando no entienda un ejercicio.

Creo que mi *Confesión de Toda la Vida* se volverá verdad,
desde mi impotencia y con mi paciencia.

Creo que Jesús me espera
con su gracia, misericordia y perdón amoroso.

¿Qué necesito para este viaje?
Un corazón generoso;
La disposición a tomar 20 minutos para orar diariamente
y la humildad de pedir siempre a Dios ayuda.

ℰ

 # Semana 1

PRIMERO

Bienvenido a la primera semana de tu viaje espiritual.

Elegiré un lugar de descanso apropiado para la reflexión contemplativa. Será un lugar aparte. ¡Una zona libre de tecnología! Seleccionaré un espacio apropiado para hacer mi oración espiritual de cada día. La regularidad es esencial para las disciplinas de cualquier tipo, y es especialmente necesaria en esta relación de oración con Cristo.

SEGUNDO

Si no hay tareas específicas para un cierto día de esta semana, pasa dos minutos al final del ejercicio y escribe una respuesta corta a cada una de estas dos preguntas (por "corto" entendamos entre ½ a 2 oraciones máximo, no más):

1) ¿Qué ejercicio espiritual del día de hoy aumentó mi fe, esperanza y amor? Sé específico y breve.

2) ¿Qué ejercicio espiritual del día de hoy disminuyó mi fe, esperanza y amor? Sé específico pero breve.

TERCERO

Tomaré momentos tranquilos de 20 minutos para hacer los ejercicios de la semana.

Pon tu corazón en el camino que debes tomar y confía en ello. El camino que conduce a Cristo en la práctica de la *Historia Sagrada* tiene algunas reglas sencillas que te ayudarán inmensamente.

Di esta letanía en voz alta antes de cada sesión de oración esta semana:

No me adelantaré en las lecturas.

Despertaré en lo que es el momento presente.

Tomaré cada día y cada ejercicio como viene.

No tengas miedo:

El miedo proviene del enemigo de mi naturaleza humana.

No puedo hacerlo mejor al ir más rápido.

℘

Día 1

Lee esto primero:

Inicia con la letanía que comienza esta semana.

Bienvenido al primer día de tu viaje espiritual. Tendrás un nuevo ejercicio de oración para cada día de esta semana. Involúcrate en las oraciones y los ejercicios de la Confesión de Toda la Vida con todo tu ser y con tu mente en tu corazón. Sé un pensador reflexivo, meditador y creyente. ¡Despierta!

Recuerda, eres un peregrino, viajando junto a Ignacio mismo, en esta marcha de oración. El Señor Jesús te recompensará por tu coraje y tu resolución. ¡Cristo promete serte fiel! Él te ayudará en cada paso posible del camino porque El vino, vivió y murió para que tengas vida abundante y produzcas frutos que perduren hasta la eternidad. Agradécele por anticipado las bendiciones y la comprensión que recibirás. Vive hoy y cada día en gratitud a Dios por todas las bendiciones y obsequios de la vida.

೮೨

San Ignacio y Su Legado - Un Soldado Caído

Hasta su trigésimo año, Ignacio de Loyola estaba inconsciente de lo sagrado de su vida. En su lugar, estaba dedicado asiduamente a los placeres y vanidades de la vida. Era un adicto al juego, sexualmente indulgente, arrogante, temerario e inseguro. La madre de Ignacio murió cuando era un niño y su padre murió cuando tenía dieciséis años.

De acuerdo a las medidas contemporáneas, la familia de Ignacio era disfuncional. ¿Era esta persona un posible candidato para la santidad? No parecía prometedor. Pero Dios no juzga según las normas humanas. Es la naturaleza de Dios buscar a todos los que han caído en el pecado,

la adicción y el egoísmo. Dios juzga el corazón; con gracia ilimitada y misericordia paciente, Dios alcanza las ruinas que el pecado hace de nuestras vidas y las transforma en *Historias Sagradas*.

Ignacio, con todo su narcisismo, problemas psicológicos y vicios pecaminosos, fue despertado por el gran amor de Dios. Una campaña militar fallida y una pierna destrozada lo obligaron a una larga convalecencia en el castillo de Loyola, su casa familiar. El tiempo de recuperación de Ignacio le proporcionó una oportunidad para que el Amor iluminara luz sobre heridas mucho más graves y potencialmente mortales que eran de naturaleza espiritual, emocional y psicológica.

Estas heridas fueron apuntaladas por la evolución de un narcisismo destructivo y pecaminoso. Durante treinta años el narcisismo de Ignacio le había hecho inconsciente de su verdadera naturaleza humana y ajeno a su vida como *Historia Sagrada*. Los placeres a los que se entregaba y el poder que ejercía funcionaban como un narcótico para entumecer el dolor de sus ocultas heridas espirituales y psicológicas. Sus vicios pecaminosos y placeres indulgentes le cegaban a su auténtica naturaleza humana y a una vida fructífera guiada por una conciencia bien formada.

La gracia de Dios se hizo realidad en la vida de Ignacio y le despertó el deseo por la inocencia. Sus aspiraciones por vivir auténticamente, que estaban completamente enterradas, repentinamente se convirtieron en su principal motivación. Lo notó primero mientras estaba convaleciente en Loyola. Se dio cuenta de nuevos deseos y de una energía diferente mientras soñaba despierto durante la lectura de historias de Cristo y los santos. Al reflexionar sobre las vidas de los santos, se imaginó viviendo una vida diferente y desinteresada.

Comparó estos nuevos ensueños con sus ilusiones vanas y narcisistas. Los viejos sueños, de una vida de pecado, adicción y vicio, le extraían energía; mientras que los ensueños de generosidad desinteresada producían su propia energía. Ignacio notó una diferencia significativa entre los dos conjuntos de ensueños y los sentimientos que produjeron. Las vanas fantasías lo entretenían cuando pensaba en ellas, pero se dio cuenta de que cuando las dejaba a un lado, se sentía vacío e insatisfecho.

Los nuevos sueños sagrados también lo entretenían cuando pensaba en ellos. Sin embargo, cuando los dejó a un lado, permaneció contento y sintió una alegría tranquila y duradera. Al prestar atención a los resultados de estos dos conjuntos de ensueños y discernir su diferencia, Ignacio hizo un descubrimiento que transformó su vida y a la historia de la espiritualidad cristiana.

ഇ

A graced experience of God's love opened Ignatius to: → ↓	GIVE THANKS FOR FAVORS RECEIVED ↓
A dissatisfaction with vain fantasies which led to surrendering to holy daydreams, characterized by consolation, which in turn: → ↓	PRAY FOR GRACE TO SEE CLEARLY ↓
Caused him to review his life and actions leading to: → ↓	GIVE A DETAILED ACCOUNT OF CONSCIENCE: GENERAL AND PARTICULAR ↓
Grief with yearning for penance and repentance for his past sins, culminating in: → ↓	ASK PARDON FOR ONE'S FAULTS ↓
Ignatius' passion to amend his life and a desire to love God wholeheartedly. →	RESOLVE AND AMEND TO SERVE GOD

Día 2

Lee esto primero:

Primero, recita la letanía que comienza esta semana.

Bienvenido al segundo día de tu viaje espiritual. Tu objetivo es escuchar la historia de Ignacio y estar atento a cualquier tema que te parezca importante. Escucha la historia de Ignacio y presta atención a lo que se mueva en ti, ya sea esperanza y paz o ansiedad y miedo. Al hacer esto se agudiza tu radar espiritual para las cosas que hacen que tu corazón diga: "¡Presta Atención!" Agradece a Cristo por adelantado por las bendiciones y percepciones que recibirás.

ॐ

San Ignacio y Su Legado - La Voz de la Conciencia

Ignacio descubrió que las nuevas aspiraciones desinteresadas estaban influenciadas por inspiraciones Divinas. Descubrió además que estas inspiraciones reflejaban su verdadera naturaleza humana y que las vanas fantasías amortiguaban su conciencia. Sus sueños narcisistas le llevaron lejos de la paz duradera porque enmascaraban su auténtica naturaleza humana. Los antiguos sueños eran poderosos, egoístas y le eran familiares.

Sabía en su corazón que vivir su antigua fantasía sería el camino hacia la autodestrucción. Por un lado, sería juzgado exitoso por los estándares del mundo, un mundo que medía el éxito en términos de riquezas, honores y orgullo.

Por otro lado, sería juzgado como un fracaso por los estándares del Evangelio, normas que abogaban por una vida de pobreza espiritual, humildad y servicio decidido, una *Historia Sagrada* que perdura hasta la vida eterna.

Ignacio fue despertado a la sabiduría emocional y la verdad espiritual de sus nuevos ensueños. Se dio cuenta de la magnitud del daño que su viejo estilo de vida había hecho tanto a sí mismo como a los demás. Lo que había despertado en él era el don divino de la conciencia, y con él, Ignacio experimentó un profundo arrepentimiento y tristeza por haber desperdiciado gran parte de su vida en placeres y fantasías indulgentes, seducciones que nunca le podrían aportar paz y satisfacción duraderas. Comenzó a entender que vivir en el placer y la fantasía destruía su auténtica naturaleza humana y silenciaba sus deseos más profundos.

La iluminación divina inspiró a Ignacio para solicitar perdón por haber desperdiciado su vida y abusado de su inocencia. La gracia permitió que Ignacio tomara responsabilidad de sus pecados contra Dios y contra su auténtica naturaleza humana.

La inspiración divina proporcionó a Ignacio el deseo, la energía y el coraje de renunciar a los pensamientos, palabras y hechos de sus hábitos pecaminosos. La gracia, recibida a través del *Sacramento de la Reconciliación*, elevó la conciencia de Ignacio y le permitió imaginar un nuevo camino para su vida, y nuevas maneras de expresar sus dones y talentos.

Como suele suceder, cuando la gente responde a la gracia de la conversión, las nuevas aspiraciones de Ignacio confundieron y desconcertaron a muchos de sus familiares y amigos más cercanos.

Sin embargo, él actuó sobre estas aspiraciones. Ignacio ahora era capaz de entender un camino hacia Dios, un patrón de conversión que innumerable cantidad de personas imitarían.

Día 3

Lee esto primero:

Primero, di la letanía que comienza esta semana.

Bienvenido al tercer día de tu viaje espiritual. Tu objetivo es escuchar la historia de Ignacio y estar atento a cualquier tema que te parezca importante. Escucha la historia de Ignacio y presta atención a lo que se mueve en ti, ya sea esperanza y paz o ansiedad y miedo. Al hacerlo se agudiza tu radar espiritual para capturar las cosas que hacen que tu corazón diga: "¡Presta Atención!" Agradece a Cristo, por adelantado, las bendiciones y percepciones que recibirás.

ℰ⌒

San Ignacio y su Legado - Un Temor Amenazador Desenmascarado

Después de algunos meses de vivir a la luz de estas nuevas virtudes positivas, hábitos e inspiraciones Divinas, Ignacio se sintió abrumado por el terror y el pánico. ¿Cómo se las arreglaría para vivir el resto de la vida sin los placeres del pasado? Fue fácil vivir virtuosamente durante algunos meses. ¿Pero por el resto de la vida? Esta fue una crisis real porque Ignacio comenzó a preguntarse si existir virtuosamente era un objetivo imposible.

Ignacio tenía dos percepciones vitales sobre este temor amenazador. Primero, se dio cuenta de que era una contra-inspiración impulsada por el *enemigo de su verdadera naturaleza humana*. El pánico le llevó a pensar que sería imposible vivir virtuosamente durante tanto tiempo.

Segundo, la contra-inspiración lo tentó a volver a sus viejos vicios y hábitos narcisistas. Seducido por su poderosa influencia, Ignacio abandonaría toda esperanza de una vida de virtud. En esencia, Ignacio estaba tentado a renunciar a la vida auténtica que finalmente le había traído paz. Él percibió una fuente maligna que inspiraba este temor amenazador y lo desafió de frente: "¡Tu, cosa despreciable! ¿Ni siquiera puedes prometerme una hora de vida?"

Un Compromiso Decisivo y Duradero para Permanecer Despierto

Sin saber cómo lo soportaría, Ignacio rechazó la contra-inspiración y a su malvado autor al comprometerse nuevamente con este despertar por el resto de su vida. Esa fue la segunda intuición de Ignacio: NUNCA confíes en los mensajes provocados por temores amenazadores.

An enemy voice evokes Ignatius' fear of a lifelong struggle with his sinful habits. → ↓	CONSCIOUS FEAR AND ANXIETY OVER SURRENDERING SINFUL AND ADDICTIVE HABITS ↓
Ignatius rejects the "enemy of human nature" and confronts his false promises. → ↓	CONFRONTING THE THREATENING "VOICE" OF SIN AND ADDICTION WITH THE "TRUTH" THAT THEY BRING DEATH, NOT LIFE ↓
Peace is restored after truthfully naming sin and addiction as death dealing. →	PEACE RETURNS AND ANXIETY DISSOLVES

Confróntalos con un firme compromiso de mantener el rumbo, de despertar y de permanecer consciente. Este compromiso decisivo y duradero para perseverar le restauró la tranquilidad y su miedo se calmó. Ignacio había descubierto, desenmascarado y enfrentado al engañador. En esto Ignacio aprendió otra lección; la manera de hablar la verdad con el poder que guiaría su nueva vida y ayudaría a dar forma a su primer conjunto de principios y de juicios institucionales.

Ignacio tuvo que enfrentarse a estos mismos temores muchas, muchas más veces. Con el tiempo supo que eran falsos miedos, *inspiraciones* del enemigo de su naturaleza humana. Lo que es más importante, poco a poco aprendió a extinguirlos y a defenderse de ellos.

Es vital que entendamos esta lección de Ignacio: cualquiera que cambie su estilo de vida a través de un despertar Divino y que por gracia, consciente y consistentemente, entre en su *Historia Sagrada*, encontrará los mismos temores amenazadores.

Tú puedes ser fuertemente tentado a caer dormido y deslizar de nuevo en viejos hábitos y vicios. Cuando te enfrentes a estos temores amenazadores, ten la seguridad que va a ocurrir, será necesario confiar en el camino de la vida y en el Autor de la vida. Los temores, con el tiempo, se van a apaciguar y el enemigo de la naturaleza humana siempre será desarmado.

Nuestro espíritu, nuestro cuerpo y la gracia de Dios trabajando en nosotros, componen una santa trinidad. Dios nos hizo de esta manera. Estas tres partes que trabajan cooperativamente son necesarias para la santidad y el crecimiento humano. En el paraíso, representado por El Génesis, la cooperación perfecta de esta trinidad de la naturaleza humana nos hizo inmortales.

Al alejarnos de la plenitud de la gracia de Dios, nuestra inmortalidad se perdió. El equilibrio perfecto de la trinidad en la naturaleza humana, que fuera divinamente creado en el cuerpo, el espíritu y la gracia de Dios, se rompió. La encarnación y muerte de Cristo abrió de nuevo el camino a la inmortalidad.

Nuestra vida cristiana es un trabajo de amor. Para que el amor de Dios nos cure, debemos hacer nuestra parte para abrirnos a las gracias de Dios. Esto requiere un esfuerzo consciente y continuo para abstenerse de hábitos pecaminosos y adictivos en pensamientos, palabras y hechos. Hay una necesidad de orar por la gracia de Dios. Primero debemos despertar a esa gracia.

Con esa misma gracia, tenemos la fuerza para resistir y abstenernos de actitudes y comportamientos pecaminosos y adictivos, tanto espirituales como materiales. La gracia de Dios infunde nuestras disciplinas espirituales, activando la trinidad de nuestra naturaleza humana. La gracia nos ayuda a salir de los rumbos espirituales, mentales, físicos y emocionales equivocados de nuestro yo atado. Al hacerlo, Dios nos concede un futuro de mayor esperanza, santidad y equilibrio.

80

Día 4

Lee esto primero

Primero, di la letanía que comienza esta semana.

Bienvenido al cuarto día de tu viaje espiritual. Los ejercicios continúan con la historia de la conversión de San Ignacio. Mientras escuchas la historia de San Ignacio, reflexiona sobre tu historia. Mientras lees, recuerda que Ignacio se despertó al hecho de que había dos tramas en sus ensueños:

La trama "A" conllevaba los objetivos y las fantasías arraigadas en su corazón herido y la persecución de sus sueños narcisistas.

La trama "B" implicaba fantasías de un corazón arraigado en Cristo y que descubría la curación y la paz siguiendo los sueños sagrados.

Estás invitado a buscar tus propios sueños y fantasías que tengan similitud con estas dos tramas. Considera tu vida mientras escuchas la historia de Ignacio; Dios lo usó para guiarnos. Cada persona tiene el mismo desafío para encontrar el camino estrecho que conduce a nuestra verdadera naturaleza humana.

$$\wp$$

San Ignacio y su legado - Un viaje al corazón - Ignacio en control

El compromiso, decisivo y duradero de Ignacio a su conversión, lo lanzó directamente al centro de su quebrantado corazón y al orgullo que enmascaraba esas heridas. Después de salir de casa, Ignacio viajó a Montserrat y pasó tres días revisando su vida. Fue en este tiempo que hizo una confesión general de todos sus actos pecaminosos pasados. Esta primera confesión de su vida inició un hábito duradero de confesión y comunión semanal. En esta confesión escrita, Ignacio detalló sus actitudes pecaminosas, sus comportamientos y pasiones, la adicción a los juegos de azar, la autocomplacencia sexual, la arrogancia y sus violentos estallidos de temperamento. Le tomó tres días en escribir la historia de su vida pasada.

Sin embargo, descubrió que el detallar y confesar sus hábitos y adicciones pecaminosas no los desarmaba. Eso requeriría ir más profundo, a su fuente en su corazón e historia. Sólo en estos recovecos más profundos podría confrontar el patrón de disfunción espiritual y psicológica que era responsable de erosionar su libertad y distorsionar su auténtica naturaleza humana.

Fue este viaje interior el que despertó plenamente su conciencia. Fue sólo en esta profundidad que descubrió su auténtica naturaleza humana y recuperó la creatividad de la inocencia infantil. Hacemos bien en entender el punto de inflexión de la vida de Ignacio, desde la raíz de sus vicios y narcisismo hasta su nueva vida de vigilia, luz, paz y esperanza. Así fue como se desarrolló su historia.

El nuevo y piadoso hábito de confesión de Ignacio se convirtió en una tortura obsesiva, compulsiva y destructiva. Confesó y volvió a confesar pecados pasados varias veces, sin sentir nunca que había llegado al fondo de sus actos inmorales. Este atroz tormento espiritual y psicológico duró meses. Estaba tan angustiado por su culpa obsesiva que muchas veces pensó en suicidarse arrojándose desde el acantilado donde oraba.

Aunque estaba consciente del daño emocional causado por este hábito de confesión obsesiva, no lograba librarse de él. Inició nuevas y más duras disciplinas físicas y regímenes espirituales. Su objetivo era obtener el control completo y dominio sobre su pasado inmoral y disoluto. Quería recordar cada detalle de sus pecados pasados para poder ser perfectamente purificado. ¡Pero nada funcionaba!

Finalmente, agotado y acongojado por sus esfuerzos fallidos, se dio cuenta de que despreciaba intensamente la vida espiritual que estaba viviendo. Ignacio tuvo un deseo urgente y convincente de "detenerlo todo". Este pensamiento lo alarmó y su radar espiritual se puso en

alerta. Ignacio discernió que esta nueva inspiración provenía de otra fuente, pero ¿Qué podría ser?

Ignacio descubrió el origen de la inspiración y al autor de la misma, sólo cuando comprendió a dónde esta inspiración lo estaba llevando. Discernió que la inspiración lo conducía en la misma dirección que el miedo amenazador que había experimentado anteriormente. Inspirado por abandonar su vida recién despertada, Ignacio estaba tentado a abandonar la paz, el servicio a los demás y la vida virtuosa de su *Historia Sagrada*.

¿Pero cómo logró esta contra-inspiración ganar el control? La decisión de Ignacio de dejar de volver a confesar sus pecados pasados revela la estrategia del enemigo.

Entregando el Control Para Abrazar la Inocencia y Renunciar al Poder

La decisión de Ignacio de parar su hábito de confesión dañina parece intrascendente, pero esta elección fue la decisión espiritual más significativa en toda su vida. Fue también la más difícil, porque esa elección significaba entregar totalmente su vida a Dios. Significaba admitir su impotencia sobre sus pecados y, con humildad, permitir que Dios y no él mismo, fuera la fuente de su santidad.

Reflexionando sobre la tentación de alejarse de su nueva vida cristiana, Ignacio percibió la idea de que el brumoso y destructivo hábito de confesar los pecados pasados estaba enraizado en un orgullo para intentar salvarse por sí mismo. Este orgullo lo obligó a arrodillarse. Al ver esto "despertó como de un sueño", y se le dio la gracia para lograr detener el hábito.

Observando la vida espiritual y psicológica de Ignacio, pareciera que detrás de las fechorías sexuales, el juego adictivo y el temperamento violento, había un controlador orgullo narcisista y un corazón roto.

Nuestro control narcisista es solidificado por el ardiente dolor espiritual y psicológico de la inocencia perdida: el patrón de pecados que heredamos del Pecado Original, junto con los pecados cometidos contra nosotros en los primeros años de la vida, y más tarde los pecados cometidos por nosotros.

Nuestro narcisismo, si se lo permitimos, nos *endiosa*, restringiendo

severamente nuestra capacidad de responder al Dios verdadero. Llenamos el vacío de nuestros corazones heridos y quebrantados con luchas egocéntricas por atención, poder y control. Es una identidad falsa, una anti-historia. Nuestro narcisismo nos ciega a nuestra naturaleza humana auténtica y a los deseos más profundos de nuestro corazón. Nos ciega a nuestra *Historia Sagrada*.

La primera confesión de Ignacio en Montserrat documentó las manifestaciones visibles de esta profunda distorsión en su naturaleza humana. El Médico Divino luego llevó a Ignacio a la fuente de esos pecados visibles. Fue su naturaleza humana herida la que alimentó su personalidad narcisista y controladora.

El patrón de los pecados *visibles*, los vicios y las adicciones, era sólo la punta del iceberg. Es vital recordar que el desprendimiento de Ignacio de los narcóticos de la agresión, las adicciones y la disolución, abrió un portal en su corazón roto y en su naturaleza humana herida, donde pudo enfrentarse plenamente a su incapacidad y a su quebrantamiento.

Es aquí donde finalmente encuentra a Cristo cara a cara. Es aquí, al aceptar el perdón de Cristo, donde comienza el amor curativo. Es aquí donde Ignacio admite su incapacidad para salvarse a sí mismo y entrega el control de su vida a Dios. Este es el paradigma espiritual de la impotencia.

La lucha de Ignacio, con el hábito obsesivo de confesar pecados pasados, fue el símbolo de su pecado original escondido en el orgullo. Cristo trabajó duro para encontrarse con Ignacio justo donde estaba, en este desgarrador lugar. La frenética y dañina confesión de los pecados pasados, fue únicamente una última manifestación del mismo narcisismo oculto que distorsionó sus primeros treinta años de vida.

El mismo pecado estaba a plena vista en el campo de batalla de Pamplona, cuando Ignacio impuso su voluntad al comandante y a todos los demás caballeros, para emprender una misión suicida contra una milicia mucho más numerosa y bien armada. El orgullo de Ignacio le valió una derrota aplastante y una pierna destrozada. Afortunadamente su orgullo defensivo fue destrozado por la gracia de Dios despertándolo "como si fuera de un sueño".

A partir de ese momento de rendición en Manresa, Ignacio reconoció su impotencia y entregó el control de su vida a Dios. Puesto que Ignacio era muy joven, Dios había esperado para transformar sus deseos más profundos en una *Historia Sagrada* cuyo legado perduraría hasta la eternidad. Esta *rendición* define el segundo conjunto de principios de discernimiento de Ignacio que están al final de la lección de hoy.

Un flujo de gracia mística inundó a Ignacio en este punto. Más importante aún, un espíritu humilde y obediente empezó a emerger, lo cual le permitía responder a los más pequeños movimientos de la gracia de Dios en sus pensamientos, palabras y hechos. Con esta humildad y docilidad descubrió una vida de servicio que cambió a la Iglesia y al mundo. Más tarde en la vida reflexionó

Hay pocos que son capaces de darse cuenta

de lo que Dios puede hacer de ellos si se abandonan

enteramente en sus manos y se dejan moldear por su gracia.

Un tronco de árbol, grueso y sin forma, nunca sospecharía

que podría llegar a ser una estatua,

admirada como un milagro de la escultura...

y nunca consentiría someterse al buril del escultor quien,

como dice San Agustín, ve con su genialidad

lo que puede hacer con él.

Mucha gente que, como lo constatamos,

escasamente vive actualmente

como cristiana, no entiende que pudieran llegar a ser santos,

si se dejaran moldear por la gracia de Dios, si no arruinaran

sus planes al resistirse a la acción que El quiere realizar en ellos.

El orgulloso narcisista, el hombre que era dueño de su propio universo, se convirtió en un humilde y obediente servidor del verdadero Maestro y Creador del universo. Para llegar a este punto, Ignacio tuvo que admitir su incapacidad. Tuvo que entregar el control de su vida y el de los aspectos distorsionados de su naturaleza humana que habían evolucionado a lo largo de los años. Tuvo que aprender a vivir de su auténtico yo emergente, de su naturaleza humana *verdadera* y libre, una verdadera naturaleza que estaba escondida detrás de su corazón herido.

Por este motivo, Ignacio también tuvo que aprender a desmantelar el narcisismo que había evolucionado durante los primeros treinta años de su vida. El contra-inspirador, el enemigo de su naturaleza humana, había ocultado ingeniosamente su verdadera naturaleza humana e Ignacio tuvo que volver a empezar la vida, esta vez permitiendo que Dios revelara su yo auténtico.

Por este motivo, después de la solución de la mayor crisis de su vida, Ignacio se encontró siendo instruido por Dios. Era, dijo, exactamente como "un niño es enseñado por un maestro".

ঙ৹

Lucha de San Ignacio contra los escrúpulos que ocultaban su vanagloria → ↓	La confrontación inicial con nuestro pecado original ↓
Confesiones continuas de San Ignacio buscando la salvación únicamente por medio de voluntad propia → ↓	El esfuerzo para controlar nuestro pecado original UNICAMENTE con esfuerzo personal o fuerza de voluntad ↓
Impulsos suicidas de San Ignacio, asco y el deseo de alejarse de la nueva fe que había encontrado → ↓	Desesperación y deseo de abandonar la fe cuando los esfuerzos humanos no son suficientes. ↓
San Ignacio encuentra que su sentimiento de asco proviene de una fuente demoniaca. → ↓	Percepción de que el deseo de rechazar el camino espiritual es una tentación. ↓
San Ignacio abandona la confesión compulsiva de sus pecados anteriores. →	Admisión de la incapacidad para salvarse por uno mismo y abandono de los actos vanidosos

Día 5

Lee esto primero:

Primero, di la letanía que comienza esta semana.

Bienvenido al quinto día de tu viaje espiritual. Tu objetivo es escuchar la historia de Ignacio y estar atento a cualquier tema que te parezca importante. Escucha la historia de Ignacio y presta atención a lo que se mueva en ti, ya sea esperanza y paz o ansiedad y miedo. Hacer esto agudiza tu radar espiritual para las cosas que hacen que tu corazón diga: "¡Presta Atención!" Agradece a Cristo por adelantado las bendiciones y percepciones que recibirás.

San Ignacio y Su Legado - El Inspirador Divino y el contra-inspirador

Esta terrible crisis le enseñó a Ignacio una lección muy importante acerca de las contra inspiraciones. La voluntad y el decidido compromiso de vivir virtuosamente durante el resto de su vida podrían ser manipulados y volverse contra él mediante sutiles inspiraciones. Lo que parecía una práctica santa, piadosa y noble, un serio enfoque en la confesión, se convirtió en un hábito perjudicial que le hizo detestar su vida espiritual y, frustrado, le *inspiró* a abandonarla.

Aprendió que las contra-inspiraciones del enemigo de su naturaleza humana podían actuar como "un ángel de luz". Estas inspiraciones parecen santas, pero cuando se siguen, terminan en un desastre, alejándote de Dios y de tu yo auténtico.

Ignacio obtuvo un conocimiento más claro de las dos fuerzas espirituales que inspiran y buscan guiar la evolución de la propia *historia*. Ignacio reunió lo que había aprendido sobre "como confrontar al poder" del enemigo de la naturaleza humana, y lo que había aprendido sobre entregar el control de su vida a Dios, en normas para distinguir estas diferentes inspiraciones. Por ahora basta decir que el Inspirador Divino es el autor de la inocencia original, es decir, de la naturaleza humana auténtica y libre. El Inspirador Divino trabaja suavemente y para cada situación, especialmente las desgracias asociadas con las dañinas dificultades espirituales y psicológicas de la vida.

Es la naturaleza del Espíritu Santo ofrecer perdón y proveer refugio del enemigo de la naturaleza humana, cuyo único propósito es destruir la inocencia. El Inspirador Divino perdona los pecados, restaura la inocencia perdida, repara corazones rotos y heridos, libera a los cautivos, libera a los oprimidos e ilumina la *Historia Sagrada* y la verdadera naturaleza humana (Lc 4, 18).

El contra-inspirador funciona a través de todos los acontecimientos de la vida y las relaciones. Su trabajo es evidente en las distorsiones del espíritu y la mente, las heridas profundas causadas por la evolución del pecado a partir del pecado original y también del pecado heredado de la familia y la cultura. El contra-inspirador trabaja para corromper la inocencia y deformar la naturaleza espiritual, emocional, física y psicológica de la persona; la verdadera naturaleza humana.

Jesús condenó la violación del inocente y del niño. Ningún ser humano puede escapar de las maquinaciones que este mal engendra en su cuerpo, mente y espíritu. Desde el Pecado Original, esta fuerza evolutiva ha infectado a cada persona y consecuentemente a toda la historia humana.

El contra-inspirador esconde nuestras heridas originales, aconsejando y guiando nuestros pasos para construir una identidad falsa, un anti-relato, característicamente identificado por un ego distorsionado y defendido por el narcisismo. Nuestro orgullo narcisista racionaliza los hábitos, vicios, adicciones y estilos de vida que forman nuestra anti-historia. El contra-inspirador nos hace inconscientes a nuestra *Historia Sagrada* y a nuestra verdadera naturaleza humana divinamente formada.

Dios condujo a Ignacio a través de esta evolución distorsionada a la inocencia perdida de su verdadera naturaleza humana. Para llegar allí, Ignacio tuvo que confrontar su patrón de distorsiones espirituales y psicológicas que significaba su orgullo narcisista. Era un castillo poderoso que había construido sobre las arenas movedizas de la inocencia herida de un niño, sobre el corazón solitario y roto de un infante. Dios le dio a Ignacio la inspiración y la gracia para permitir que ese castillo se derrumbara. El rompimiento de sus poderosas defensas y el desenmascaramiento de su orgullosa y narcisista pauta, demostró ser el punto de inflexión del proceso de la conversión total de Ignacio.

Vigilia, Santidad y Conciencia Elevada

La conversión de Ignacio, desde su anti-historia, y su pleno despertar a su *Historia Sagrada* no fue un solo evento, sino un proceso gradual. Su completa evolución, de un vanidoso ego-maníaco a un santo, le llevó el resto de su vida. Esto es evidente en su autobiografía; en tres relatos relacionados, que describen experiencias personales cercanas a la muerte, Ignacio revela su crecimiento en santidad, un proceso que evolucionó durante un largo período de veintiocho años.

En el primer relato él está lleno de temor al juicio, porque entiende que el orgullo sigue siendo una fuerte tentación para él. En el segundo relato ya no tiene miedo de la muerte, sino que está lleno de dolor por su retrasada respuesta a Dios. En el tercer relato, la gracia inunda su corazón y él está lleno de una intensa devoción y deseo de unión eterna con Dios.

Estos tres episodios reflejan las tres etapas clásicas del crecimiento místico: purgación, iluminación y unión. Los tres hechos también transmiten la realidad de la paciencia de Ignacio con el proceso de su crecimiento espiritual:

Ignacio, justificándose, ansiosamente se retrae y se enfoca en sus pecados → ↓	Pánico sobre la salvación propia, ante las debilidades y el pecado →	PURGACION ↓
Ignacio, ya sin temor por no haber respondido más pronto a la gracia de Dios → ↓	Tristeza ante la propia tardanza en responder a la invitación de Dios para el amor y la intimidad →	ILUMINACION ↓
Inmenso gozo de Ignacio frente al pensamiento de morir y estar con Dios →	Un ardiente y evolvente amor hacia Dios y deseo por la completa unión con la Trinidad →	UNION

Un compromiso de toda la vida con Cristo en la Iglesia

Ignacio tardó el resto de su vida para convertirse en el santo que conocemos hoy. Fue una evolución gradual y constante, desde un narcisista pecador en control de su propia vida hasta un inocente y obediente servidor de Dios. Descubrió y abrazó el poder y la energía de vivir en la santa trinidad de su auténtica naturaleza humana: el espíritu, el cuerpo y la gracia de Dios trabajando al unísono.

El crecimiento en la santidad requiere deseo, paciencia y esfuerzo diario, para despertar a nuestra auténtica naturaleza humana. Toma tiempo para que la gracia penetre la influencia de nuestra anti-historia, para que nuestra *Historia Sagrada* pueda emerger más plenamente. No hay atajos para la santidad, ni siquiera para los santos.

Si deseas entregar tu anti-historia y abrirte a tu *Historia Sagrada*, la gracia te despertará, como a Ignacio, en lugares que los recuerdos de tu corazón no deseen visitar. El despertar comenzará como el de Ignacio; se iniciará con una identificación honesta de las manifestaciones visibles de esas distorsiones espirituales y psicológicas en los detalles de tu naturaleza humana.

Estas distorsiones revelan tu inocencia perdida y un corazón roto por la *Caída Original* y los pecados acumulativos de tu familia, clan y cultura. Ignacio inició este proceso con su confesión de vida. Él sinceramente identificó los hábitos, adicciones, pecados y compulsiones características de su inocencia perdida y su corazón roto.

Ábrete a las gracias de Dios que dejarán ver los elementos narcisistas que alimentan tus comportamientos pecaminosos y compulsivos. Ignacio necesitaba mucha gracia para superar sus defensas y desbloquear esta verdad oculta acerca de su vida. Todos los que abrazan esta invitación, a caminar por esta calzada, pueden confiar en la misma gracia para navegar esta parte vital del proceso.

Finalmente, despertar a tu *Historia Sagrada* te llevará a los lugares de tu corazón donde tu inocencia esté herida, tu verdadera naturaleza humana esté distorsionada, y tu corazón esté roto.

Despertar a tu *Historia Sagrada* revelará los contornos de tu anti-historia.

Tendrás que evaluar honestamente el patrón narcisista en tu propia vida, identificando los placeres, poderes y hábitos que actúan como narcóticos, bloqueando el dolor de tu corazón roto y tu inocencia perdida.

Este patrón que enmascara tu auténtico yo y tu verdadera naturaleza humana es el patrón de tu falso yo. Es el engaño de la anti-historia que oculta el resplandor de tu autentica naturaleza humana y la sacralidad de tu historia de vida. Esa fue la experiencia de Ignacio, por inspiración divina descubrió que su falso yo se disfrazaba de piadoso y concienzudo penitente.

Una vez que alcanzó este punto, Ignacio despertó, "como de un sueño", a su *Historia Sagrada*. Al hacerlo, fue agraciado para unir la mente y el espíritu, la acción y la contemplación, lo eterno y el momento presente, y así ver la Presencia Divina en todas las personas y en toda la creación.

Su nueva consciencia de Dios lo energizó tanto que podía entrar diariamente en el flujo de su *Historia Sagrada*, permitiéndole dedicarse a los deberes y obligaciones de la vida con un corazón sereno y con claridad de propósito. Él, valientemente permitió que Dios escribiera su *Historia Sagrada* durante el resto de su vida, cada hora, cada día, cada semana, cada mes, cada año.

La vitalidad de la relación personal de Ignacio con Dios, en el Padre, en el Hijo y en el Espíritu, fue posible gracias a la gracia y gratitud que experimentó en el encuentro constante con su pecaminosidad personal y pasiones desordenadas. Estos encuentros siempre trajeron la iluminación, la sabiduría, la energía y la esperanza; nunca el desaliento, el miedo o la desesperación.

Un narcisista orgulloso, disoluto e inseguro finalmente encontró serenidad y seguridad en el pleno amor, aceptación, misericordia y perdón de Dios. Curiosamente, esto sucedió en y por la impotencia de Ignacio y sus debilidades. ¡Inclusive, tal vez a causa de ellas! Aprende esta lección: el pecado y la debilidad que tanto estropearon su vida temprana, se convirtieron en la fuente misma de su fuerza y de su santidad. Ignacio descubrió, como San Pablo, que en sus debilidades y pecados, era fuerte en Cristo (2 Cor 12:10). Será lo mismo para ti.

෴

Día 6

Lee esto primero

Primero, di la letanía que comienza esta semana.

Bienvenido al día seis de tu viaje espiritual. En los ejercicios siguientes, de los días seis y siete, se transita de la historia de conversión de San Ignacio a tu propia historia. Estás invitado a comprometerte a unirte a San Ignacio, así como a todas las mujeres y hombres santos de la Iglesia, para dar tu vida a Cristo por esta gran obra de reconciliación.

Escucha la llamada y presta atención a lo que te mueve, ya sea la esperanza y la paz, o la ansiedad y el miedo. Hacer esto agudiza tu radar espiritual para las cosas que invitan a tu corazón a decir: "¡Presta Atención!" Agradece a Cristo por adelantado las bendiciones y percepciones que recibirás.

૪⊃

San Ignacio y su Legado - El Llamado a la Reconciliación Universal

Tu Historia Sagrada

Al igual que con Ignacio, Dios extiende una invitación a despertar del patrón de disfunción espiritual, emocional y psicológica que ha formado nuestra anti-historia. Dios nos invita a despertar a nuestras vidas como *Historia Sagrada* y a producir fruto que perdura hasta la eternidad. El despertar y el crecimiento revelarán donde está comprometida nuestra libertad y cómo cerramos nuestros corazones a nuestra auténtica naturaleza humana.

Cristo nos muestra con compasión cómo nuestro egoísmo y orgullo han corrompido nuestra creatividad, robándonos la alegría de la inocencia. La invitación de Dios es suave. El despertar de Dios es misericordioso. Ten la seguridad de que la pasión de Dios es perseguirnos, rescatarnos, sanarnos y devolvernos a nuestra inocencia original. La pasión de Dios es personal. La pasión de Dios es Amor. La pasión de Dios es Cristo Jesús.

La intención de Dios es sanar y transformar gradualmente nuestros pensamientos, palabras y hechos. Cada pensamiento, palabra y hecho influye mi historia en la dirección de una anti-historia, o una *Historia Sagrada*. Cada pensamiento, palabra y acción, para bien o para mal, toca a todas las personas en mi vida, al mundo entero y a toda la creación, dando forma al último capítulo de la historia.

Los efectos del pecado y el narcisismo, así como los efectos de la virtud y el desinterés, tienen ramificaciones individuales, sociales, físicas, espirituales y ecológicas que llegan hasta los extremos de la creación. Porque todo y cada uno, es uno en amor -uno en Cristo Jesús- por quien y para quien todo fue hecho (Romanos 11:36).

Cada pensamiento, palabra o acto, por discreto que sea, tiene un significado positivo o negativo en la red interconectada de vida que Dios ha formado a través de Cristo. Es el ser de Cristo -su historia sagrada- que une cada uno de nuestros relatos sagrados individuales. Es en Cristo que todo el cosmos está unido. Dios en Cristo nos ha hecho responsables y dependientes, unos de otros y sobre la tierra que nos sostiene.

El Cristo del Cosmos, por quien y para quien todo fue hecho, se hizo hombre, y se enfrentó, absorbió y difundió toda la fuerza destructiva de la anti-historia evolutiva del mal, que corría a través de la naturaleza humana y el cosmos creado. Cristo reconcilia en Sí todo, en los cielos y en la tierra, para traer paz a todos por la sangre de Su cruz. Su *SAGRADA HISTORIA* redime y renueva cada capítulo de nuestra historia, individual y colectiva.

Cristo Jesús aguarda apasionadamente nuestra participación para unirnos a Su obra de reconciliación universal. Nuestra disposición a aceptar el camino de la conversión implica la identificación veraz de nuestros pecados, disfunciones y adicciones. Implica experimentar y admitir nuestra impotencia para salvarnos a nosotros mismos. Requiere la paciencia de toda una vida mientras Cristo escribe nuestra *Historia Sagrada.*

Mi participación en la obra de reconciliación de Cristo es la única vocación digna y el único trabajo que produce frutos duraderos hasta la eternidad. Mi aceptación de la invitación abre el mismísimo misterio de la vida.

Cuando acepto la invitación, Cristo promete compartir su gloria universal. Aceptar la invitación a entrar intencionalmente en mi *Historia Sagrada* tiene consecuencias trascendentales.

Ahora es el momento de despertar del sueño

Nuestro tiempo en esta tierra es muy breve. Desde el tiempo del nacimiento, vida, muerte y resurrección de Cristo, nuestra historia sólo puede ser medida y valorada a la luz de Su misión eterna de Reconciliación. Entrar intencionalmente en mi *Historia Sagrada*, con el tiempo, me capacitará para conocer a Dios más íntimamente y servir a Dios más generosamente.

Como Ignacio, estoy llamado a despertar del sueño, a despertar a la totalidad y a la santidad. Yo fui creado e infundido con el don de despertar a una vida que reverencia al Dios, que en Cristo y el Espíritu Santo, está presente en todas las cosas, todas las personas y toda la creación.

Despertar en mi *Historia Sagrada*, como Ignacio, pide valentía en la limpieza del espíritu y en la psique que se inicia. El proceso requiere disciplina frente a la tentación y la monotonía. Requiere conscientemente pedir e incluso mendigar, si es necesario, por la gracia de Dios. Requiere tiempo y paciencia, eligiendo deliberadamente cada día, para ser fiel al tiempo y al espacio requerido para Dios.

El despertar requiere la paciencia de toda una vida. Abrazado y confiado, el viaje está rebosante de bendiciones, más de las que pudiéramos imaginar. El encontrar a Cristo diariamente en la *Historia Sagrada* cambia para siempre la vida, las relaciones, la tierra y la eternidad.

Lo que se necesita para el viaje se proporcionará cada día. En mi viaje a través de los recuerdos y experiencias, pasadas y presentes, se me promete el poder y la misericordia del AMOR, que mantiene y guía todo el cosmos. Es este AMOR el que espera para transformar mis pecados, adicciones, angustias, miedos, dolor, culpa y vergüenza. Es este AMOR el que restaura al corazón roto en un vaso de perdón, luz y paz.

Cuanto más incrustada e impenetrable sea la red de oscuridad, compulsión, pecado y adicción de la vida, más estratégica y magnífica será la gracia de Dios al romper su dominio, porque nada es imposible para Dios (Lc 1, 37).

En este viaje obtendrás un conocimiento personal y real del pecado y de la misericordia, de la creación y de la eternidad. Vendrás a conocer, por experiencia, nuestro Dios misericordioso, presente en el Cuerpo de Cristo en la Iglesia, en los sacramentos, en ti mismo, en los demás y en toda la creación. Algunos de tus discernimientos vendrán en un instante; Otros se desarrollarán durante semanas, meses o años.

De ahora en adelante todo el proceso de tu vida es acerca de despertar del sueño (Efesios 5:14, Rom 13:11), inclinarse a lo real, a lo auténtico, a tu verdadera naturaleza humana, viviendo y trabajando por un fruto que perdura hasta la eternidad.

ഗ

Día 7

ee esto primero:

Primero, di la letanía que comienza esta semana.

Bienvenido al séptimo día de tu viaje espiritual. Los ejercicios siguientes, los días seis y siete, pasan de la historia de conversión de San Ignacio a su propia historia. Estas invitado a comprometerte a unirte a San Ignacio, así como a todas las mujeres y a todos los hombres santos de la Iglesia, para dar tu vida a Cristo por esta gran obra de reconciliación.

Escucha la llamada y presta atención a lo que se mueve en ti, ya sea la esperanza y la paz, o la ansiedad y el miedo. Al hacer esto se agudiza tu radar espiritual para las cosas que invitan a tu corazón a decir: "¡Presta Atención!" Agradece a Cristo por adelantado las bendiciones y percepciones que recibirás.

৪০

San Ignacio y su legado - Su historia sagrada

Su vida (y la vida de cada persona) está inextricablemente entretejida e integrada a la *HISTORIA SAGRADA* de Cristo, de maneras misteriosas y sublimes. Es misterioso porque los caminos de este mundo no son los caminos del Reino. Lo que se considera valioso y exitoso en la época terrenal es, de hecho, insensato e inútil en la vida espiritual.

Es sublime porque los más íntimos sufrimientos ofrecidos a Dios, los más débiles gemidos de misericordia y perdón, y los más simples actos de cuidado, amabilidad o generosidad hechos para Su magnífica creación, para los pobres amados de Dios y para nuestros enemigos, están escritos en oro en el Libro del Cordero. Estos son los pensamientos, palabras y hechos que durarán hasta la eternidad.

No hay atajos para el desarrollo de la historia. La conversión es vitalicia pero mensurable cuando intencionalmente, diariamente, consistentemente y fielmente entro en mi *historia sagrada*. Mi historia comienza donde comenzó Ignacio, en la gracia del llamado a la conversión. Mi conversión comenzará a tomar forma cuando acepte ese llamado y siga el modelo de la propia conversión de Ignacio. Voy a descubrir cosas que inquieten, produzcan vergüenza y confusión, y que abran angustias, temores y dolores ocultos. Voy a encontrar a un corazón roto y a la inocencia y al paraíso perdido.

Pero lo más importante en todo esto, es que seré soportado, protegido y guiado por lo único necesario, el amor de Cristo. Se me dará fuerza para "confrontar al poder". Se me dará gracia para ver y nombrar honestamente aquellos pecados, hábitos y adicciones que traen la muerte: física, psicológica y espiritual, y no la vida. Entonces, cediendo a mi impotencia en favor del poder de Dios, el Médico Divino reescribirá mi vida como *Historia Sagrada*.

Al entregar el control de mi vida al cuidado del Médico Divino, admitiendo mi impotencia para salvarme, se me permitirá ser vulnerable, creativo, inocente y humilde. Una vez que mi corazón esté abierto, el Espíritu de Dios continuará escribiendo mi *Historia Sagrada*. Mi vida de paciencia dará fruto que perdura hasta la eternidad.

Mi viaje de peregrinación, como el de Ignacio, sigue el comprobado camino místico hacia la integridad y la santidad. No hay atajos. Recordemos que Cristo Jesús mismo ha recorrido el camino. El garantizará el pasaje seguro de mi viaje y llevará mis cargas, mis fracasos, mi vergüenza, mi corazón roto y mi confusión.

Tendré en mi corazón el humilde ejemplo de que Jesús me lavó los pies. Él soportó humillaciones, tortura y una muerte vergonzosa, para que yo pudiera encontrar esperanza y curación para todo aquello en mi vida que necesite curación, perdón y redención. Desde el principio de los tiempos su *historia sagrada* está impresa místicamente en las almas de su pueblo elegido y en la Iglesia. A través del patrón de Su HISTORIA, tanto yo, como la Iglesia y todas las personas, podemos tener nuestra historia reescrita como *Historia Sagrada*.

Intencionalmente crearé mi narrativa de vida por intervalos de 15 minutos cada uno, una o dos veces al día. Mi historia, vinculada a la *HISTORIA SAGRADA* de Cristo, a todas las personas y a toda la creación, va desde mi nacimiento, en todos mis pensamientos, palabras y hechos, para dar forma a mi destino aquí y en el más allá. La oración me ayudará a sintonizar la Creación, la Presencia, la Memoria, la Misericordia y la Eternidad.

Cuando me enfrento a los miedos, a las tensiones, a las angustias, a las tentaciones, a los fracasos, a las adicciones y a los pecados en mi día, puedo sintonizar brevemente la Creación, la Presencia, la Memoria, la Misericordia y la Eternidad, y pedir la gracia de ver toda mi historia. Al hacerlo, el Médico Divino puede curarme y despertar mi corazón a su verdadera naturaleza humana.

Cristo extiende la invitación y Su Amor, en el Corazón del Universo, espera mi respuesta. Ruego por el valor y la generosidad, para entrar con Cristo, en mi *Historia Sagrada*.

℘

SEMANA 1

Meditación opcional

Vigilia nocturna Semana 1

Esta es la primera de cuatro vigilias nocturnas que puedes hacer para tu viaje de *Confesión de Toda la Vida*. Sugerimos hacerlo en una noche y dar 45 minutos a la meditación.

VIGILIA DE NOCHE CON JESÚS *Haz solamente una sección a la vez. No te adelantes en leer, permanece en cada sección hasta que te sientas inspirado para seguir adelante.*

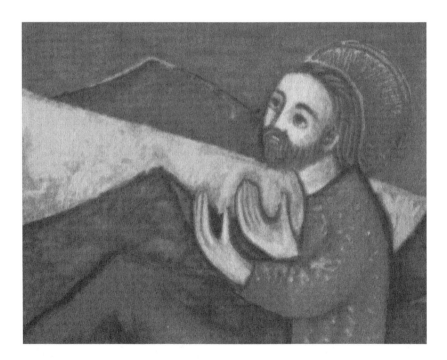

I. Permítete percibir la presencia de Cristo Jesús en el Santísimo Sacramento. Pasa un minuto o dos para ponerte en una posición de oración que te permita relajarte y al mismo tiempo mantenerte alerta. Mientras reposas de esta manera, pídele a Dios que te mantenga abierto a tu propia vida y al amor de Dios por todo el retiro. Como una forma de pedir esta gracia de apertura, rezar el Triple Coloquio a continuación. Permanece con esto mientras puedas permanecer comprometido en esta oración. Sigue adelante como sugiere tu corazón. Descansa con Jesús, como sus discípulos lo hubieran hecho, al final de un día de ministerio y predicación.

II. "Fue en este tiempo que él (Jesús) salió a los montes para orar, y pasó toda la noche en oración a Dios." (Lc 6:12)

Imagina el lugar al que Jesús fue para poder estar solo. Dedica tiempo a crear en tu imaginación la ubicación tal como la piensas. Presta atención a todas las cosas: el color del cielo nocturno y las estrellas, las rocas y la vegetación, los árboles, las vistas desde las colinas y como era el aire nocturno. Colócate en la escena a cierta distancia de Jesús para que no pueda detectar su presencia. Cambia de lugar cuando tu corazón sugiera.

III. Después de un tiempo, imagina que Jesús te nota solo en ese lugar. Observa cómo se acerca a ti y ve cómo se sienta en silencio a tu lado. Él sabe que estás comenzando un viaje y después de un rato te pregunta por qué has decidido venir. ¿Qué le respondes cuando te pregunta esto? Pasa algún tiempo diciéndole tus esperanzas y temores. Sabes que él entiende lo que estás diciendo así como la profundidad de tus deseos y preocupaciones. Los dos se sientan tranquilamente, en la presencia del otro. Quédate aquí todo el tiempo que quieras. Antes de salir del lugar, pídale la gracia de permanecer abierto a lo que él quiere que recibas del retiro.

IV. Al caminar por la colina, regresa a tu habitación lentamente orando las palabras del Padre Nuestro.

ℰℭ

TRIPLE COLLOQUE DE SAN IGNACIO

*El **Primer Coloquio**, o conversación, será con María. Habla con María usando tus propias palabras, pidiéndole que obtengas, de su Hijo, la gracia de estar abierto al Espíritu que obra dentro de ti. Cuando termines esta conversación, ora lentamente el Ave María, pensando en las palabras y en la persona a quienes estás orando.*

Ave María, llena de gracia, El Señor es contigo.
Bendita tú entre las mujeres
y bendito es el fruto de tu vientre, Jesús.
Santa María, Madre de Dios, ruega por nosotros los pecadores,
ahora y en la hora de nuestra muerte.
Amén.

*El **Segundo Coloquio**, o conversación, será con Jesús. Habla directamente a Jesús, solicitándole que pida a su Padre te conceda la misma gracia arriba suplicada. Cuando termines tu conversación, ora lentamente el Anima Christi, pensando en las palabras y en la persona a quien estás orando.*

Alma de Cristo, santifícame. Cuerpo de Cristo, sálvame.
Sangre de Cristo, embriágame. Agua del costado de Cristo, lávame.
Pasión de Cristo, fortaléceme. ¡Oh, buen Jesús, óyeme!
Dentro de tus llagas, escóndeme. No permitas que me aparte de ti.
Del enemigo maligno, defiéndeme. En la hora de mi muerte, llámame
y mándame ir a ti, para que con tus santos te alabe
por los siglos de los siglos.
Amén.

*El **Tercer Coloquio**, o conversación, será con Dios el Padre. Pide al Padre directamente, en tus propias palabras, que te conceda la* *gracia como se describe arriba. Cuando termines, reza al Padre Nuestro, pensando en las palabras y en la persona a quienes (a quien) estás orando.*

Padre nuestro, que estás en los cielos, santificado sea tu nombre.
Venga a nos tu reino.
Hágase tu voluntad, así en la tierra como en el cielo.
El pan nuestro de cada día dánosle hoy, y perdona nuestras ofensas,
así como nosotros perdonamos a los que nos ofenden.
No nos dejes caer en la tentación,
más líbranos del mal.
Amén.

෯

 # Semana 2

PRIMERO

Bienvenido a la segunda semana de tu viaje espiritual. Elegiré un lugar de descanso contemplativo y reflexión. Será un lugar aparte, ¡Una zona libre de internet! Elegiré el lugar donde tomar un descanso para mi oración de ejercicio espiritual de cada día. La regularidad es la clave para disciplinas sostenibles de cualquier tipo y es especialmente cierto en esta relación de oración con Cristo.

SEGUNDO

Si no hay tareas específicas para un día determinado de esta semana, dedica dos minutos al final del ejercicio y escribe una respuesta corta a cada una de estas dos preguntas: por "corto" queremos decir de ½ a 2 oraciones máximo, no más.

1) ¿Qué segmento del ejercicio espiritual de hoy aumentó mi fe, mi esperanza y mi amor? Se especificó y breve.

2) ¿Qué segmento del el ejercicio espiritual de hoy disminuyó mi fe, mi esperanza y mi amor? Se especificó y breve.

TERCERO

Durante mis ejercicios de oración en esta semana, lenta y cuidadosamente abriré mi corazón a Cristo.

Di esta letanía en voz alta antes de cada sesión de oración de esta semana:

Le pediré a Dios que me ayude.

No tengas miedo:
El miedo proviene del enemigo de mi naturaleza humana.

Despertaré a mi naturaleza espiritual

y a las inspiraciones que inspiran fe, esperanza y amor.

Despertaré a personas, eventos y asuntos que generen
Fe, Esperanza o Amor - Miedo, Cólera o Congoja.
¡Me despertaré!

Creo que la comprensión de la fuente de mis vicios y adicciones puede llevar a una mayor alegría, autenticidad y santidad.

℘

Día 8

Leeré esto primero:

Primero, di la letanía que comienza esta semana.

Bienvenido al día ocho de tu viaje espiritual. Toma un momento para pedirle a Dios esta gracia y recita la siguiente frase en voz alta: "Señor, ábreme al conocimiento de mi corazón".

El corazón es donde tiene lugar la importante obra de oración. La mente revela hechos. El corazón revela la verdad de mí ser. El corazón es la forma en que La Escritura Sagrada describe los aspectos más importantes de la condición humana. (Por favor, durante tu ejercicio no leas los pasajes bíblicos que a continuación se dan, pero si tu corazón te lleva a leerlos en otro momento ¡Se te anima a seguir tu corazón!)

Aquí están algunos ejemplos:

❖ El corazón revela el estado de corrupción causado por el pecado (Gn 6:5; Jer 17:9-10; Mt 15:9).2

❖ El corazón es donde tiene lugar el proceso de conversión y perdón (Ez 36:26; Mt 18:35; Rom 2:29).

❖ El corazón es donde la auto condenación se encuentra cara a cara con la esperanza y el poder de Dios (1 Jn 3:19- 20).

❖ La pureza del corazón nos permite ver a Dios (Mt 5:8).

❖ El corazón es el lugar de la compasión (Lc 7:13).

❖ El corazón es el custodio de la memoria y la contemplación (Lc 1:29; 2:19, 51).

❖ El corazón contiene los secretos que iluminan el verdadero sentido de la vida (Mt 6:21; Lc 24:32; Sal 85:9).

❖ El corazón es definido como el centro de la conciencia y la acción humana, donde Dios discierne lo correcto o incorrecto de mis pensamientos, palabras y acciones. El corazón es el lugar donde toda persona está frente a Dios y rinde cuenta final de sus pensamientos, palabras y acciones. (Heb 4:12-13).

❖ El corazón percibe el amor como el fin último, regalo y propósito del ser (1 Cor 13).

❖ El testimonio de Jesús en las Escrituras habla de la búsqueda de la inocencia desde el corazón, perdida por el desgaste de la vida, por las cargas que resultan de la corrupción (Mt 11:28-30.).

❖ Cristo también promete responder al corazón que lo busca, y promete que será encontrado por aquellos que lo buscan (Lc 11:9-11).

Busca el *conocimiento* del corazón y pide a Dios la gracia para abrir un camino a tu corazón. Busca también el conocimiento del corazón de Dios, presente en el Sagrado Corazón de Cristo; esta gracia ayudará a unir tu corazón al corazón de Cristo. Dilo en voz alta una vez más: "Señor, ábreme al conocimiento de mi corazón".

Antes de terminar tu tiempo de oración escribe una o dos frases, pero no más, acerca de qué conocimiento de Su corazón deseas que Dios te revele. ¿Qué desea saber? Pregúntale al Señor.

∞

Día 9

Lee esto primero:

Primero, di la letanía que comienza esta semana.

Bienvenido al día nueve de tu viaje espiritual. Una vez que te establezcas en tu lugar de oración, pide la inspiración de Dios para este momento. Luego, pídele, con palabras de tu corazón, que te de inspiración para descubrir o recordar los nombres más íntimos y significativo de Dios Padre, Hijo y Espíritu Santo, que hayas utilizado durante la oración.

Estos nombres resonarán profundamente en tu corazón y reflejarán la relación de Dios contigo y tu relación personal con Dios. Lo siguiente puede ayudar:

Padre Misericordioso, Padre Amoroso, Padre Todopoderoso, Padre Nuestro, Dios Padre, Creador Amoroso, Dios Creador, Dios del Amor, Dios Mío, Dios Santo, Padre de los Pobres, Dios de toda Misericordia, Dios de Toda Compasión, Padre de Jesús, Señor Jesucristo, Señor Jesús, Cristo Jesús, Querido Jesús, Adorable Jesús, Cristo Adorable, Buen Jesús, Jesús, Salvador Misericordioso, Jesús Mi Salvador, Hijo de Dios, Querido Señor, Mi Señor, Mi Señor y Mi Dios, Sagrado Corazón de Jesús, Cordero de Dios, Buen Pastor, Salvador Crucificado, Espíritu Santo, Espíritu de Jesús, Espíritu del Señor, Espíritu Amoroso, Espíritu Santo de Dios, Amor de Dios, Espíritu Divino, Espíritu Creador, Dios Creador.

Pide la gracia para descubrir el nombre de Dios que toca tu corazón más íntimamente. Tú sabrás cual es el nombre correcto, porque será el que tiene el poder de desbloquear tu confianza, tu amor y agitar tus afectos.

Escribe el nombre de Dios en tu cuaderno cuando lo descubras. A partir de este punto, utiliza este nombre cuando te dirijas a Dios. Pronuncia este nombre en voz alta para que puedas oírte decirlo. Dios se deleita cuando hablas directamente desde tu corazón.

Utiliza este nombre para dirigirte a Dios cada vez que, de manera natural, pienses en Dios durante el día. Por ejemplo, antes de una reunión, puedes decir en tu corazón: "Señor Jesús, acompáñame ahora." Dilo, y luego sigue adelante con tu reunión.

No hagas de esto un ejercicio tedioso, más bien uno que se sienta natural y relajado. No es necesario pensar largo y profundo acerca de Dios, el propósito de esta oración espontánea es sólo un breve y amistoso recordatorio de Su presencia. Usa este nombre si te encuentras conversando con Dios durante el día.

ɠↄ

Día 10

Lee esto primero:

Primero, di la letanía que comienza esta semana.

Bienvenido al día diez de tu viaje espiritual. Repasa la historia de Ignacio y la tuya propia: Utiliza esta pregunta como el foco de estos ejercicios: "¿Al igual que Ignacio, he descubierto la única área de mi vida que me convence, sin lugar a dudas, de que no puedo salvarme a mí mismo y que debo confiar en Dios Para salvarme? "

Recordemos las diferentes partes de la narración de la *Historia Sagrada* de San Ignacio. Durante tu oración revisa hoy las secciones de su historia que evocaron tu propia historia y recuerda aquellas partes de su historia que movieron tu corazón de una de las dos siguientes maneras:

 Primero: ¿Qué evocó espontáneamente la ansiedad en mí al escuchar la historia de Ignacio? Reflexionaré sobre por qué mi ansiedad fue provocada. En mi cuaderno, voy a registrar brevemente lo que evocó mi ansiedad y por qué.

Segundo: Al escuchar la historia de la conversión de Ignacio, ¿Qué me *inspiró* o me dio *esperanza* en mi vida? Voy a reflexionar sobre *por qué* estuve inspirado o esperanzado. En mi cuaderno voy a registrar brevemente lo que me inspiró y por qué.

೮೦

Día 11

Lee esto primero:

Primero, di la letanía que comienza esta semana.

Bienvenido al día once de tu viaje espiritual. Debes permitirte hacer tu oración un poco más larga el día de hoy, tal vez treinta minutos, para que te inspires y te animes.

Cada uno de nosotros tiene personas, asuntos y eventos en la vida que conforman nuestra historia de vida, nuestra historia. Somos conscientes de algunas de estas piezas, mientras que otras están enterradas en nuestra memoria. Buscamos la gracia para entender aquellas cosas que en forma positiva moldean nuestros pensamientos, acciones, sentimientos y creencias vinculadas con Dios, el mundo y nosotros mismos. Estas personas, eventos de la vida y problemas están a menudo vinculados a las tramas espirituales en nuestro libreto de la vida, llevándonos hacia Dios.

En este ejercicio buscamos la gracia de Dios para despertar a nuestros amados *recuerdos afectivos*. Es decir, queremos recordar a las personas, eventos de la vida o problemas y *sentir* el peso emocional y la ganancia adquirida sobre el corazón, dependiendo de cómo nos hayan movido hacia adelante en nuestra historia. Debido a que estos elementos significativos a menudo evaden nuestro consciente, necesitamos confiar en la gracia para revelarlos.

Naturalmente, busco información sobre el círculo más cercano y más íntimo de personas y eventos de mi historia de vida: mis padres, familiares, amigos y eventos importantes. Estaré atento a la sensación que estos recuerdos evocan.

Por alguna persona en particular, podré sentir sobre todo amor (alguien que me haya cuidado profundamente). Para otra persona, podré sentir gratitud por la manera en que me ayudó en un momento de mi vida. Para un acontecimiento podría ver la gracia salvadora de Dios.

Para otra situación, mi experiencia podría ser de gratitud o de esperanza (un tema que haya transformado positivamente mi vida).

Ora para que Dios ilumine tu mente y tu corazón, y así puedas identificar cada persona, asunto o evento de la vida, y la manera en que cada uno despertó el sentimiento predominante de gratitud, esperanza o amor.

Así que, para tu ejercicio espiritual del día de hoy, siéntate en tu lugar tranquilo. Encuentra una posición cómoda que te permita estar alerta. Respira profundamente por unos minutos, consciente de que el amor de Dios sostiene tu propia vida.

Luego, usando el nombre personal para Dios identificado la semana pasada, pide a Dios que ilumine tu memoria e imaginación para que las personas, los problemas y los eventos más significativos de tu vida se hagan presentes en tu mente y en tu corazón.

A medida que tomes conciencia de cada uno, has una breve pausa y anota el nombre de la persona, el asunto o evento de la vida que venga a la memoria. Junto a cada uno de estos, escribe una sola palabra para el sentimiento más predominante que surja en tu corazón. Una palabra de precaución aquí: no sucumbas a la tentación de analizar o juzgar los sentimientos a medida que surjan.

Para este ejercicio, utiliza la siguiente tabla para pedirle a Dios que te inspire a recordar los elementos (persona, asunto o evento de vida) que generen gratitud, esperanza o amor. Ora para que los elementos más importantes para tu historia surjan en tu mente y en tu corazón.

DIEZ PERSONAS, EVENTOS O SITUACIONES QUE PRODUZCAN

GRATITUD, ESPERANZA O AMOR

Persona / Evento / Situación	Gratitud / Esperanza / Amor
1.	1.
2.	2.
3.	3.
4.	4.
5.	5.
6.	6.
7.	7.
8.	8.
9.	9.
10.	10.

Día 12

Lee esto primero:

Primero, di la letanía que comienza esta semana.

Bienvenido al día doce de tu viaje espiritual. Debes darte permiso para hacer tu oración un poco más larga el día de hoy, tal vez treinta minutos, para que te inspires y te animes.

En este ejercicio buscamos la gracia de Dios para despertar nuestros recuerdos *afectivos negativos*. Es decir, queremos recordar a personas, eventos de la vida o problemas, por haber hecho difícil el avance en nuestra historia, y sentir el peso emocional y la carga que ejercieron sobre nuestro corazón. Debido a que estos elementos significativos a menudo evaden nuestro consciente, necesitamos confiar en la gracia para revelarlos.

Naturalmente, busco información sobre el círculo más cercano y más íntimo de personas y eventos de mí *historia de vid*a: mis padres, familiares, amigos y eventos importantes. Estaré atento a la sensación que estos recuerdos evocan.

Para un evento de la vida, podría sentir miedo (algo que tiene el poder de despertar la ansiedad que conozco como miedo). Para otro evento de la vida, mi sentimiento predominante podría ser la ira (alguien o algo que me lastimó a mí o a un ser querido). Para otra situación, mi sentimiento predominante puede ser dolor (la pérdida de un ser querido o una circunstancia que aflija mi corazón).

Ora para que Dios ilumine tu mente y tu corazón, y así puedas reconocer cada persona, tema o evento de la vida, y el sentimiento inequívoco y predominante (miedo, ira o dolor) que cada uno inspira.

Para tu oración de hoy, siéntate aparte en tu lugar tranquilo. Encuentra una posición cómoda que te permita estar alerta. Respira profundamente por unos minutos, consciente de que el amor de Dios sostiene tu propia vida.

Luego, usando el nombre personal para Dios seleccionado la semana pasada, pide a Dios que ilumine tu memoria e imaginación para que las personas más significativas, los problemas y los eventos de la vida vengan a tu mente y a tu corazón.

A medida que tomes conciencia de cada uno, toma una breve pausa y anota el nombre de la persona, el asunto o el evento de la vida que venga a tu memoria. Junto a cada uno de estos, escribe una sola palabra para el sentimiento más predominante que surja en tu corazón. Una vez más, una palabra de precaución aquí, no sucumbas a la tentación de analizar o juzgar los sentimientos a medida que surjan.

Para este ejercicio, utiliza la siguiente tabla para pedirle a Dios que te inspire a recordar los elementos (persona, asunto o evento de la vida) que generan miedo, enojo o dolor. Ora para que los elementos *más importantes* de tu historia afloren en tu mente y en tu corazón.

80

Persona / Evento / Situación	Gratitud / Esperanza / Amor
1.	1.
2.	2.
3.	3.
4.	4.
5.	5.
6.	6.
7.	7.
8.	8.
9.	9.
10.	10.

Día 13

Lee esto primero:

Primero, di la letanía que comienza esta semana.

Bienvenido al día trece de tu viaje espiritual. Debes darte permiso para hacer tu oración un poco más larga el día de hoy, tal vez treinta minutos, para que te inspires y te animes.

Para este ejercicio espiritual, presta atención a los vicios (Orgullo, Glotonería, Lujuria, Pereza, Envidia, Avaricia y Cólera). Estos, pueden ser llamados los siete pecados capitales (de caput, la palabra latina para cabeza), porque son hábitos de raíz o vicios que conducen a muchos otros problemas. Todos nosotros estamos sujetos a vicios que tienen la capacidad seducirnos suavemente, moderadamente o fuertemente.

Simplemente identifica tus pecados y vicios capitales. Pídele a Cristo, el Médico Divino, que te ayude a entender su fuente y contexto en tu historia de vida. Pide la gracia de una comprensión más profunda y luego, con Cristo, observa tu vida con compasiva curiosidad y con objetividad. Dios ve más allá de cualquier vicio que tengas o crees tener.

Dios te conoce por lo que eres y te ama. Jesús, el Médico Divino, observa con compasión y cargó el peso de todos tus vicios. Él desea que obtengas una mayor comprensión y libertad. Él tiene gran compasión y paciencia para aquellos que buscan Su ayuda y sanación. Él quiere que te formes ideas sobre por qué están presentes en tu historia de vida, para que puedas encontrar mayor esperanza y libertad.

Al final de cada período de oración, anota en tu cuaderno todos los vicios capitales que te atrapan y a los que eres susceptible. Se breve en tu escritura, pero específico. Enumera cuáles pecados o vicios capitales te atrapan y cuán intensamente (leve, moderada o fuertemente) te afectan.

Los Siete Vicios Capitales:

Orgullo

El orgullo es una apreciación impropia y desenfrenada de nuestro propio valor. Este se enumera primero porque es ampliamente considerado el más grave de los siete pecados. El orgullo o narcisismo fue el fundamento del pecado de Adán y Eva, que los hizo caer en la tentación de la serpiente de "ser como dioses". Adán y Eva desplazaron a Dios, el Creador, como árbitro de la verdad y la bondad. Ellos, que eran criaturas, se creyeron dioses, los jueces finales de la verdad y la bondad. Su acción condujo a la pérdida del paraíso y a un mundo de enfermedad y muerte. El orgullo conduce a menudo a la comisión de otros pecados capitales. El orgullo se manifiesta como vanidad y narcisismo sobre la apariencia, la inteligencia, el estatus, la riqueza, las conexiones, el poder, los éxitos y todas las demás cosas que uno usa para apartarse de los demás y de Dios.

Codicia

La codicia también se conoce como avaricia o voracidad. Es el inmoderado deseo de bienes y poder terrenales, es un pecado de exceso. El objeto de la avaricia no tiene por qué ser malo, el problema radica en la forma en que una persona considera o desea un objeto, convirtiéndolo en un dios y otorgándole un valor inapropiado. La codicia puede inspirar acciones tan pecaminosas como acaparamiento, robo, fraude, evasión de impuestos, disposición ilegal de residuos ambientales o prácticas comerciales poco éticas.

Glotonería

Glotonería viene de la palabra latina que significa engullir o tragar. Es el pecado de exceso de indulgencia y por lo general se refiere al consumo excesivo de alimentos y bebidas. El glotón puede comer demasiado pronto, demasiado caro o comer demasiado. San Alfonso Liguori explicó que sentir placer en comer no está mal. Porque la comida sabe bien, estamos encantados con este regalo, pero no es correcto comer cuando el único motivo es el placer y olvidar que la función de los alimentos es el mantenimiento de la vitalidad y la salud.

Lujuria

El pecado de lujuria se refiere a deseos corrompidos de naturaleza sexual. La sexualidad es un obsequio de Dios y puro en sí mismo. Sin embargo, la lujuria se refiere a los pensamientos y actos impuros que usan mal ese obsequio. La lujuria se desvía de la ley de Dios y el propósito sagrado de la sexualidad de permitir que la mujer y el hombre participen en la naturaleza creativa de Dios. El complacerse en el pecado de la lujuria puede incluir, pero no está limitado a, la fornicación, el adulterio, la bestialidad, la violación, la masturbación, la pornografía y el incesto.

Pereza

La pereza a menudo se describe simplemente como el pecado de la flojera. Sin embargo, aunque esto es parte del carácter de pereza, su verdadero rostro es la flojera espiritual. El pecado de pereza significa ser desinteresado y laxo acerca de vivir la Fe y practicar la virtud.

Parafraseando a la Enciclopedia Católica, la pereza significa aversión al trabajo o esfuerzo. Como vicio capital o mortal, Santo Tomás lo llama tristeza frente a algún bien espiritual que uno tiene que lograr. En otras palabras, una persona perezosa es molestada por el esfuerzo de sostener la amistad de uno con Dios. En este sentido la pereza es directamente opuesta a la caridad.

Envidia

El pecado de la envidia o los celos es algo más que el deseo por lo que otros tienen. La envidia pecaminosa conduce a sentimientos o emociones de molestia por la buena fortuna o las bendiciones de otra persona. La ley del amor lleva naturalmente a regocijarse en la buena suerte del prójimo. La envidia se opone a ese amor. La envidia está incluida entre los pecados capitales por los otros pecados a los que lleva.

Ira

La ira o la furia pueden describirse como sentimientos excesivos y poderosos de odio y resentimiento. Estos sentimientos pueden manifestarse como una negación apasionada de verdades expresadas por otros. La ira también puede manifestarse en forma de negar verdades sobre la propia vida e impaciencia con el procedimiento de la ley. La ira también se manifiesta en el deseo de buscar venganza fuera del funcionamiento del sistema de justicia.

La ira, en esencia es el deseo de hacer el mal o el daño a los demás. Las transgresiones de venganza se encuentran entre las más graves, incluyendo el asalto, el asesinato y, en casos extremos, el genocidio y otros crímenes de lesa humanidad. La ira es el único pecado no necesariamente asociado con egoísmo o interés propio, aunque uno puede estar enojado por razones egoístas, como los celos.

80

Día 14

Lee esto primero:

Primero, di la letanía que comienza esta semana.

Bienvenido al día catorce de tu viaje espiritual. Para este breve ejercicio espiritual, presta atención a tus adicciones. Ignacio tenía adicciones al juego y posiblemente al sexo. Todo el mundo tiene adicciones (ya sean leves moderadas o fuertes) a una o más cosas. Nuestras adicciones revelan valiosa información diagnóstica que vale la pena llevar al Médico Divino.

ℰↃ

Una breve introducción a la adicción

La palabra adicción se utiliza en muchos contextos. El uso común del término ha evolucionado para incluir la dependencia psicológica. En este contexto, el término va más allá de la drogadicción y los problemas de abuso de sustancias. También se refiere a comportamientos que no son generalmente reconocidos por la comunidad médica como problemas adictivos, tales como el excesivo comer o el acaparamiento de bienes.

Cuando el término adicción se aplica a las compulsiones que no están relacionadas con sustancias, como adicción a los juegos de azar y la adicción a la computadora, se describe una compulsión recurrente en la que uno se involucra a pesar de las consecuencias perjudiciales para la salud física, mental, social o espiritual de la persona.

Otras formas de adicción podrían ser la defraudación o la evasión de impuestos habituales, adicción al dinero, adicción al trabajo, adicción al ejercicio, sobrealimentación habitual, compras habituales, adicción al sexo, adicción a la computadora, adicción al correo electrónico, adicción a videojuego, adicción a la pornografía y adicción a la televisión.

Gabor Maté resume el perfil de la adicción de la siguiente manera: "La adicción es cualquier comportamiento repetido, relacionado con una sustancia o no, en el que una persona se siente obligada a persistir, sin importar el impacto negativo en su vida y en la de los demás. La adicción implica:

> a. Compromiso compulsivo con un comportamiento, o la preocupación compulsiva por dicho comportamiento.

> b. Control de dicho comportamiento ha sido deshabilitado.

> c. Persistencia o recaída a pesar de evidencia de daño.

> d. Insatisfacción, irritabilidad o deseo intenso, cuando el objeto -ya sea una droga, actividad u otro objetivo- no está inmediatamente disponible.

¡Uh... eso está serio! No te asustes. Recuerda: No tengas miedo: El miedo proviene del enemigo de tu naturaleza humana.

Así que para este ejercicio espiritual, no excedas tu período de oración de veinte minutos. Para este ejercicio siéntate en un lugar tranquilo. Encuentra una posición cómoda que te permita estar alerta. Respira profundamente por unos minutos, consciente de que el amor de Dios sostiene tu propia vida.

Luego, usando el nombre personal de Dios que elegiste, pídale a Dios que ilumine tu memoria y tu imaginación, para que puedas ver cualquier adicción que tengas en el contexto de tu historia de vida.

Antes de completar tu *recuerdo agraciado*, registra cualquier adicción que surgió. *Se breve y específico.* Identifica cada adicción por nombre y frecuencia: **R**aramente, **F**recuentemente o **C**onstantemente. Por ejemplo, puedes escribir:

Televisión-**R**; Ejercicio-**F**; Juego-**C**.

Un ejercicio de diagnóstico adicional para vicios y adicciones

Si quieres tomar, el día de hoy, un ejercicio espiritual adicional de veinte minutos, puedes combinar este diagnóstico espiritual sobre las adicciones con el del día 13, de los vicios.

Así es cómo puedes hacerlo: Has orado por la gracia para reconocer honestamente los vicios y las adicciones que erosionan tu libertad y comprometen tu verdadero yo. Escribiste en tu cuaderno la evaluación de los vicios como: suaves, moderados o fuertes. Y las adicciones como: raramente, frecuentemente o constantemente.

Inicia este ejercicio espiritual de la manera estándar. Durante tu sesión de oración, revisa lo que escribiste en tu cuaderno sobre vicios y adicciones, pidiendo a Cristo, el Médico Divino, en palabras muy personales, que te ayude a descubrir las conexiones entre los vicios y las adicciones.

Por ejemplo, puedes notar que cuando estás enojado, puedes progresar hacia uno u otro comportamiento adictivo. Cuando sientes envidia, puedes ser atraído hacia comportamientos adictivos diferentes, y así sucesivamente para los otros vicios.

Recuerde que la gracia que estás pidiendo es la inspiración para entender los vicios y las adicciones por sí mismas y, lo que es más importante, para identificar las conexiones entre ellas al manifestarse en tu historia de vida.

Cuando, a través de la gracia, comienzas a despertar a los vínculos entre los pensamientos, palabras y hechos de tu historia de vida, entonces el crecimiento en santidad y autenticidad puede ocurrir.

Antes de terminar el período de oración, registra cualquier descubrimiento que hagas, sobre los vínculos entre los vicios y las adicciones, y que Dios te haya revelado. Da gracias a Dios por el coraje de verte honestamente como eres. Da gracias a Dios por la gracia de despertar para vivir en mayor libertad.

ℰ℧

SEMANA 2

Meditación opcional

Vigilia nocturna Semana 2

Esta es la segunda de cuatro vigilias nocturnas que puedes hacer para tu viaje de Confesión de Toda la Vida. Sugerimos hacerlo en una noche y dedicar 45 minutos a la meditación.

TENTACIÓN EN EL DESIERTO

Dedica cuarenta y cinco minutos a esta meditación. Efectúa solamente una sección a la vez y no te adelantes en leer. No te sientas obligado a terminar la hoja entera. Permanece en cada sección hasta que tu corazón sugiera seguir adelante. No leas ni escribas después de esta meditación, excepto quizás una breve anotación en tu diario. Asegúrate de estar a solas.

I. Toma consciencia de lo que tus sentidos estén experimentando. Aspira el Espíritu de Dios. Exhala lo que sea preocupante, perturbador o pesado. Toma consciencia de todos los pensamientos y sentimientos generados, hasta este momento, durante el día.

II. Habla con Jesús con tus propias palabras acerca de tu deseo de esta gracia particular: que pueda llegar a conocer y creer en Dios Padre como la fuente de mi mayor libertad y que pueda llegar a comprender más claramente la fuente de mi mayor encarcelamiento. Permanece aquí por el tiempo que quieras. No te sientas obligado a seguir adelante a menos que tu corazón lo sugiera.

III. Imagínate acompañando a Jesús, desde el río Jordán hacia el desierto. Esta es la primera vez que cada uno de ustedes ha decidido alejarse de sus familias y amigos. Este es tu primer intento de pasar un tiempo tan largo en la oración y en el silencio con Dios. Ambos están llenos del Espíritu Santo, sin embargo, no tardará mucho antes que deban enfrentarse a la insidiosa seducción del espíritu del mal y de la oscuridad. Observa y experimenta los eventos a medida que suceden. Fíjate en todo lo que está sucediendo a Jesús ya ti mismo. No pases a la siguiente sección a menos que tu corazón lo sugiera.

Orar con Lucas 4: 1-13

IV. PIDE AL SEÑOR TE CONCEDA SU FORTALEZA Y ORIENTACIÓN para enfrentar las tentaciones, los encarcelamientos en tu vida: EL PAN que representa las posesiones materiales y las comodidades que sientes necesitar para el estatus y la seguridad; EL PODER de la independencia, la autosuficiencia y el orgullo que te mantienen a ti, pero no a Dios, como el centro de tu vida, para que no te des cuenta de la necesidad que tienes de Dios como la Fuente de tu libertad y tu vida; LA VANIDAD del egocentrismo que sutilmente manipula o explota a otros, probando la fidelidad de Dios y de los demás en su amor por ti. PIDE AL SEÑOR SU AYUDA para que puedas dejar ir lo que te ata, lo que te impide amar libremente a otros, lo que previene des tu corazón libremente a Dios y de ser libremente tu verdadera persona.

V. Después de la meditación, termina tu propio período de oración, rezando lentamente al Padre Nuestro, escuchando las palabras en tu corazón mientras oras.

Gabor Maté, En el Reino de los Fantasmas Hambrientos: Encuentros Cercanos con Adicción (Berkeley: North Atlantic Books)

∞

Semana 3

PRIMERO

Bienvenido a la tercera semana de tu viaje espiritual. Elegiré un lugar de descanso adecuado para la reflexión contemplativa. Será un lugar aparte. ¡Una zona sin internet! Decidiré cual será el lugar apropiado para tomar un descanso e iniciar mi oración espiritual del día. La regularidad es la clave para las disciplinas sostenibles de cualquier tipo, y es especialmente cierto en esta relación de oración con Cristo.

SEGUNDO

Si no hay tarea específica para un día determinado de esta semana, pasa dos minutos al final del ejercicio y escribe una respuesta corta a cada una de estas dos preguntas. Por "corto" queremos decir entre ½ y 2 oraciones máximo, no más:

1) ¿En el ejercicio espiritual de hoy, que aumentó mi fe, esperanza y amor? Se específico pero breve.

2) ¿En el ejercicio espiritual de hoy que disminuyó mi fe, esperanza y amor? Se específico pero breve.

TERCERO

Le pediré a Dios la gracia de identificar los eslabones de mi Historia Sagrada entre: las personas, las emociones, los patrones de pecado y los patrones de gracia, las virtudes y los mandamientos, así como los acontecimientos y las experiencias importantes de mi vida. A medida que Dios me ilumine, también pediré la gracia para identificar la más profunda esperanza de mi corazón, para mi vida y mi futuro.

Di esta letanía, en voz alta, antes de cada sesión de oración esta semana:

No me adelantaré en las lecturas.

Despertaré hasta el momento presente.

Tomaré cada día y cada ejercicio como acudan.

No puedo hacer la Historia Sagrada mejor al ir más rápido.

Le pediré a Dios que me ayude.

Los Diez Mandamientos son un regalo profundo de Dios,

al Pueblo Elegido y a toda la humanidad.

No tengas miedo:

El miedo proviene del enemigo de mi naturaleza humana.

80

Día 15

Lee esto primero:

Primero, di la letanía que comienza esta semana.

Bienvenido al día quince de tu viaje espiritual. Los próximos tres días contendrán poderosos ejercicios sobre el Examen del Decálogo de la Conciencia. Ellos son para ayudarte a entender mejor tu historia de vida y el don de la curación y el equilibrio que Dios desea para ti. Ora para que tu imaginación sea agraciada, de tal manera que los asuntos más importantes de los Mandamientos, aquellos que iluminan tu historia (tu relato), vengan a tu mente y a tu corazón. Ora para "ver" lo que nunca has visto antes. Ora para ver tu vida como Dios ve tu vida.

Los Mandamientos fueron entregados al Pueblo Elegido en un Pacto que fue sellado con un sacrificio de sangre. La Iglesia enseña que, el poder del sacrificio animal que sella el Pacto, recibe dicho poder de la sangre de Cristo, lo cual predice. Los mandamientos, como *obsequio*, son un fundamento para que la obra de Dios pueda reparar nuestra quebrantada naturaleza humana, para perdonarnos y para reabrir el camino a la eternidad; la obra de la muerte y resurrección de Cristo. No es de extrañar entonces que las leyes que consagran las verdades de los Mandamientos hayan transformado historias de violencia e injusticia en historias de civilidad y justicia para millones de personas en los últimos tres milenios.

Durante este ejercicio reflexionaremos sobre los Mandamientos, para mejorar nuestra comprensión de su riqueza y sabiduría. El ejercicio ayudará a aclarar cómo cada Mandamiento tiene sus propias responsabilidades y límites. Estos Decretos, un sinónimo de Mandamientos, encenderán tu imaginación para que puedas oírlos de manera diferente. Estos decretos, declaraciones de Dios, nos sirven de recordatorio cuando hemos olvidado reconocer la verdad acerca de Dios, de la humanidad y de nosotros mismos. Son un regalo para guiar nuestro camino a casa, para que nuestros pensamientos, palabras y hechos traigan vida y no la muerte.

Este formato puede ser útil para reflexionar sobre cada Decreto. Identifica el decreto, y los correspondientes subtemas, como: leve, moderado o fuerte, dependiendo del reto que este decreto específico te presente. Por ejemplo, puedes escribir "6º-moderado, especialmente en relación con (asunto)", "4º-suave con respecto a (persona)", "7º / 10º-fuerte con respecto a (evento)." Usa códigos si prefiere salvaguardar la confidencialidad y aumentar honestidad.

El propósito de este ejercicio es simplemente identificar los desafíos que los Mandamientos te evoquen. Con Cristo a tu lado, observa con curiosidad y desapego, sin culpa propia. Dios ve más allá de cualquier patrón de pecado y fracaso que tengas o crees que tienes. Dios te conoce por lo que eres. Dios te ama. Dios es el Médico Divino que desea ayudarte a ver con honestidad tu vida tal como es, para que Él pueda traerte perdón, sanación, libertad y paz.

Ora para que tu imaginación sea agraciada, para que los asuntos más importantes de los Mandamientos, aquellos que iluminan tu historia (tu relato), vengan a tu mente y a tu corazón. Ora para "ver" lo que nunca has visto antes. Ore para ver tu vida como Dios ve tu vida.

Antes de concluir tu período de oración, usa tu cuaderno para anotar donde, en tu vida, perdiste la pauta. Esto según te lo indique el Decreto en el que cavilaste. Se específico, breve, honesto y valiente. Pide la gracia de la integridad y la apertura para abrazar la verdad de tu propia experiencia.

EL DECALÓGICO EXAMEN DE LA CONCIENCIA

Primer Decreto: Yo soy el Señor tu Dios, no tendrás dioses extraños delante de mí.

¿Es Dios el centro de mi vida? ¿He desplazado a Dios con mi carrera, mi trabajo, mi preocupación por la riqueza y el placer? ¿La adoración y la honra de Dios aumentan en mis prácticas religiosas semanales? ¿Rezo con frecuencia? ¿A menudo pido perdón a Dios? ¿He recurrido a la superstición, el ocultismo o la astrología en lugar de pedir la ayuda de Dios?

Segundo Decreto: No tomarás el nombre del Señor tu Dios en vano.

¿Tomo casualmente el nombre de Dios en vano? ¿Tengo el hábito de perjurar en broma o con enojo? ¿Utilizo el nombre de Dios para maldecir a otras personas? ¿Siento odio contra Dios en mi corazón? ¿Tengo cólera contra Dios por las cosas difíciles en mi vida o en el mundo? ¿Doy reverencia a Dios en mi corazón?

Tercer Decreto: Acuérdate de santificar el día de reposo.

¿Me esfuerzo por prepararme para la liturgia dominical? ¿Me esfuerzo para asistir a la liturgia del domingo? ¿Permito que eventos sociales o deportivos desplacen o reduzcan mi asistencia a la liturgia dominical? ¿Evito hacer trabajo innecesario el domingo? ¿Es el domingo un verdadero día de descanso espiritual y de revitalización?

Cuarto Decreto: Honra a tu Padre ya tu Madre.

¿Doy reverencia a mi mamá y a mi papá por el regalo de la vida? ¿Les doy las gracias? ¿Me dedico a pasar tiempo con ellos? ¿Me esfuerzo por perdonar las deficiencias de mis padres? ¿Tengo en mi corazón rencor o resentimiento contra ellos? ¿Trato de responderles con amor y caridad? ¿Les presto atención en sus sufrimientos y debilidades? ¿Soy paciente con sus enfermedades a medida que envejecen?

Día 16

Lee esto primero:

Primero, di la letanía que comienza esta semana.

Bienvenido al día dieciséis de tu viaje espiritual. Recuerda, el propósito de este ejercicio es simplemente identificar tus retos con los Mandamientos. Con Cristo a tu lado, observa con curiosidad y desapego, sin culpa propia. Dios ve más allá de cualquier patrón de pecado y fracaso que tengas o que creas tener. Dios te conoce por lo que eres. Dios te ama. Dios es el Médico Divino que desea ayudarte a ver con honestidad tu vida tal como es, para que Él pueda traer perdón, sanación, libertad y paz.

Ora, pidiendo que tu imaginación se vea agraciada de tal forma que los asuntos más importantes de los Mandamientos, aquellos que iluminan tu historia (tu relato), vengan a tu mente y a tu corazón. Ora, pidiendo "ver" lo que nunca has visto antes. Ora, pidiendo ver tu vida como Dios ve tu vida.

Antes de concluir este período de oración, anota en tu cuaderno en que parte de tu vida perdiste la pauta, según indicación del Decreto en el que reflexionaste. Se específico, breve, honesto y valiente. Pide la gracia de la integridad y la apertura para abrazar la verdad de tu propia experiencia.

EL DECALÓGICO EXAMEN DE LA CONCIENCIA

Quinto Decreto: No matarás.

¿Me esfuerzo por superar los prejuicios que tengo contra individuos o grupos de personas que son diferentes? ¿Me resisto a eliminar mis prejuicios para no dañar a las personas con mis palabras o hechos? ¿Actúo con crueldad hacia los demás? ¿Arriesgo mi vida o la de otros al consumir substancias ilegales? ¿Arriesgo mi vida o la vida de otros al conducir imprudentemente o intoxicado? ¿Me esfuerzo en palabras y acciones para promover el valor de la vida, desde la concepción hasta la muerte natural? ¿Alguna vez he ayudado a alguien a terminar un embarazo o poner fin a su propia vida? ¿Me esfuerzo en hacer todo lo posible para defender el valor de cada persona? ¿Siento satisfacción en mi corazón ante la muerte de aquellas personas a quienes considero malas? ¿He llegado a votar por políticos o funcionarios públicos debido a sus posturas en la promoción del aborto, la eutanasia, la pena de muerte o la guerra preventiva? ¿Lloro la pérdida de toda vida humana, sin importar el motivo de la muerte?

Sexto Decreto: No cometerás adulterio.

Noveno Decreto: No desearás al cónyuge de tu prójimo.

¿Protejo mi pacto en la relación con mi cónyuge y defiendo su carácter sagrado? ¿Me esfuerzo diariamente para apoyar a mi cónyuge? ¿Me dirijo a otras personas, en espera de apoyo emocional, para hacer que mi pareja se encele? ¿Denigro a mi pareja comparándola con otros? ¿Critico duramente a mi cónyuge, a sus espaldas, para ganar el afecto de los demás? ¿Sostengo la santidad del compromiso de mi pacto al no buscar nunca la atención sexual de aquellos a quienes pudiera ser atraído? ¿Sostengo mi pacto al no entablar ninguna actividad sexual con alguien que no sea mi cónyuge? ¿Llego a usar la pornografía para despertar mis apetitos sexuales, o para evitar la intimidad con mi cónyuge? ¿Denigro la integridad espiritual de las personas concentrándome en su belleza o apariencia física? ¿Protejo el pacto de mi relación al no fantasear, intencionalmente, sobre relaciones sexuales con alguien que no sea mi cónyuge? ¿Preservo sagradamente el regalo de la sexualidad para el matrimonio? ¿Me esfuerzo por cultivar la pureza del corazón como un signo de la sinceridad de Dios? ¿Reverencio a las relaciones sexuales, ante todo, como el don más cercano a las energías creativas de Dios, como un regalo de amor para crear una vida humana destinada para una eternidad con Dios? ¿Ocasionalmente inhibo la presencia de Dios en este don divino con drogas o procedimientos médicos cuando no hay razón legítima?

઒

Día 17

Lee esto primero:

Primero, di la letanía que comienza esta semana.

Bienvenido al día diecisiete de tu viaje espiritual. Recuerda, el propósito de este ejercicio es simplemente identificar tus desafíos frente a los Mandamientos. Con Cristo a tu lado, observa con curiosidad y desapego, sin culpa propia. Dios ve más allá de cualquier patrón de pecado y fracaso que tengas o crees que tienes. Dios te conoce por lo que eres. Dios te ama. Dios es el Médico Divino que desea ayudarte a ver con honestidad tu vida tal como es para que Él pueda traer perdón, sanación, libertad y paz.

Ora para que tu imaginación sea agraciada para que los asuntos más importantes de los Mandamientos, aquellos que iluminan tu historia (tu relato), vengan a tu mente y corazón. Ora para "ver" lo que nunca has visto antes. Ora para ver tu vida como Dios ve tu vida.

Antes de concluir tu período de oración, usa tu cuaderno para anotar donde, en tu vida, perdiste la pauta. Esto según te lo indique el Decreto en el que reflexionaste. Se específico, breve, honesto y valiente. Pide la gracia de la integridad y la apertura para abrazar la verdad de tu propia experiencia.

Séptimo Decreto: No robarás.

Décimo Decreto: No codiciarás los bienes de tu prójimo.

¿Hago trampa en las tareas y en los exámenes para obtener una calificación mejor? ¿Tomo cosas que no me pertenecen? ¿Me quedo con las cosas que he pedido prestadas? ¿Soy honesto en mis inversiones, impuestos y en todas mis transacciones financieras?

¿Utilizo las escapatorias legales en las leyes fiscales o prácticas empresariales para obtener recompensas financieras que, en última instancia, perjudican a los menos afortunados? ¿Soy honesto y veraz en mis negocios, incluso en situaciones que impliquen perder beneficios o clientes? ¿Causo daño a propiedad o bienes que no me pertenecen? ¿Envidio a aquellos que tienen más que yo? ¿Permito que la preocupación por la riqueza y la comodidad ocupe un lugar central en mi vida? ¿Vivo opulentamente porque tengo los recursos para hacerlo? ¿Llego a gastar dinero en artículos de lujo que no necesito? ¿Vivo con envidia de los que tienen más que yo? ¿Respeto los limitados recursos de la tierra, como una herencia divina, para beneficio de todas las personas? ¿Doy un porcentaje de mis ingresos a los pobres? ¿Me esfuerzo en minimizar los residuos y proteger el medio ambiente? ¿Examino mis patrones de inversión para discernir si las empresas de mi propiedad, o en las que tengo acciones, incluyen en sus prácticas el tratar justamente a sus empleados y proteger al medio ambiente? ¿Alguna vez puse el objetivo de las ganancias por delante del bienestar de las personas o del medio ambiente?

Octavo Decreto: No levantarás falso testimonio en contra de tu vecino.

¿Defiendo el honor y la reputación de otras personas? ¿Evito propagar chismes y evito atraer chismes de otros? ¿Comparto información sobre personas con terceros, incluso si es verídico, cuando esa información amenaza la reputación de la persona? ¿Evito esparcir mentiras o rumores sobre otras personas? ¿Me opongo a las personas que chismean y difunden información perjudicial sobre otros? ¿Evito y denuncio a la televisión, la radio, las revistas y los periódicos que emplean las tácticas de daño a la reputación y chismes maliciosos para vender noticias y generar ganancias? ¿Ando diciendo a los demás lo que deben hacer en lugar de poner mi propia casa en orden?

80

Día 18

Lee esto primero:

Primero, reza la letanía que comienza esta semana.

Bienvenido al día dieciocho de tu viaje espiritual. Para el ejercicio de hoy, ora por la gracia de recordar los libros, historias, canciones, eventos, películas y arte que tengan el poder de llevarle a las lágrimas. Ora para recordar el tema de la frase, la lírica, el diálogo, la palabra que se te haya hablado, la melodía y la imagen que hayan tocado tu corazón tan profundamente que tu única respuesta haya sido llorar. La frase más corta en el *Nuevo Testamento* es "Jesús lloró" (Jn 11, 35). Lo que nos hace llorar tiene importancia en nuestra historia y aporta información a nuestro relato. Ora para recordar y sentir lo que te lleva a las lágrimas.

Los Evangelios registran que Jesús lloró dos veces. Él lloró por Jerusalén, por no querer reconocer que el tiempo de su liberación estaba cerca (Lc 19, 41-44). Y lloró por su buen amigo Lázaro, "mira cómo lo amó" (Jn 11, 33-6). Ambos ejemplos revelan el profundo anhelo de Jesús por la reconciliación y la paz de la humanidad. Cristo desea liberarnos del dominio de la muerte, esa muerte que es el resultado de la desobediencia de la humanidad. El llanto de Jesús expresa los anhelos más profundos de Su corazón. Sus lágrimas revelan Su misión en la vida, una misión que Él recibió del Padre, para aquellos que Él ama.

Las lágrimas revelan los anhelos más profundos de nuestro corazón. Son una ventana al corazón y al alma. Pídele a Dios la gracia de recordar y comprender lo que te lleva a las lágrimas, lo que rompe tu corazón o expresa los anhelos de tu corazón por la sanación y la paz.

Utiliza tus oraciones de 15 minutos, en la segunda mitad de la semana para recordar lo que te hace llorar, es decir, lo que te hace llorar y expresa los anhelos más profundos de tu corazón. No utilices más de 15 minutos para cada uno de tus períodos de oración. Para tu oración, siéntate en un lugar tranquilo. Encuentra una posición cómoda que te permita estar alerta. Respira profundamente por unos minutos, consciente de que el amor de Dios sostiene a tu propia vida.

Luego, usando el nombre personal que has seleccionado para Dios, pídele que ilumine tu memoria e imaginación para que de esta manera puedas recordar y entender el motivo y la razón de lo que te lleva a las lágrimas. Tus lágrimas pueden revelar la verdad de tu corazón y de tu historia. ¿Qué relatos, películas, libros o canciones te llevan a las lágrimas, y de qué manera puede Dios ayudarte para que, a partir de ello, comprendas más acerca de tu vida?

Antes de terminar tu período de oración, escribe lo que causó tus lágrimas. En caso lo tengas claro, escribe el motivo por el qué esto causó llanto. Reflexiona más sobre lo que esto podría revelar sobre tu historia. ¿Tus lágrimas revelan tus anhelos más profundos y el deseo de Dios de traerte esperanza y paz?

&

Día 19

Lee esto primero:

Primero, di la letanía que comienza esta semana.

Bienvenido al día diecinueve de tu viaje espiritual. Puedes darte permiso para extender este ejercicio entre diez y treinta minutos. El ejercicio de diagnóstico espiritual de hoy ofrece el potencial para más sabiduría. Pasa tu tiempo escuchando a tu corazón.

Pídele a Dios la gracia de entender los elementos clave de tu historia de vida relacionados con: la gratitud, las relaciones, los valores espirituales, sociales y financieros; y aquellos que necesiten otorgues perdón o cuyo perdón necesites aceptar.

Toma unos minutos para cada uno de los seis diagnósticos espirituales. Descifrar estos puede ayudarte a ver las dos líneas de trama en tu historia de vida con más claridad. Asegúrate de pedir la ayuda de Dios utilizando el nombre personal elegido, para que Él te conceda la gracia de que cada percepción revele las ideas más importantes para tu historia de vida.

Para tu ejercicio escrito, redacta una frase corta al final de cada meta: una frase que capture un aspecto de lo que aumentó tu fe, esperanza y amor, y otra frase con un aspecto de lo que disminuyó lo mismo. La frase debe ser corta, ni siquiera necesita ser una oración completa. ¡Se específico, pero breve!

OBJETIVO DE GRATITUD

Le pido a Dios la gracia de recordar la experiencia, el evento o la persona por quien estoy más agradecido. Podría ser una amabilidad que alguien me mostró. Podría ser un gesto de amor de un padre, amigo, marido, esposa o hijo. Podría ser algo que no me sucedió: algún peligro o amenaza, enfermedad o accidente que se evitó o minimizó. Podría ser un evento significativo en mi vida que me movió en una nueva dirección. Podría ser una experiencia espiritual que me abrió a una esperanza y una alegría más profundas en mi vida. ¿Qué me viene a la mente? Rezaré por la gracia de recordar los sentimientos que percibí en el momento del evento y tomaré nota de las razones por las cuales es significativo. Ruego por que igualmente perciba vínculos en mis respuestas a otros ejercicios de oración a medida que ocurran. Antes de terminar mi oración, anotaré mis recuerdos en una frase, indicando el motivo por el que me inspiran gratitud.

Ejemplo: Mi hermano, con Síndrome de Down, reunió a nuestra familia y nos hizo comprender el verdadero significado de la vida y el amor.

OBJETIVO RELACIONAL

Le pido a Dios la gracia de identificar el objetivo relacional más importante que haya ocurrido durante mi historia de vida. Podría ser con Dios, con mi pareja, con mis hijos, con mi familia o con un amigo cercano. Se trata del único objetivo relacional que, si fue alcanzado, me ha hecho pensar que mi vida se realizó. Voy a buscar conexiones en mis respuestas a otros ejercicios de oración como se me vayan ocurriendo. Antes de terminar mi oración, describiré mi meta de relación en una frase, explicando el motivo por el que este objetivo define mi éxito relacional.

Ejemplo: Que logre ser un padre y un marido fiel durante toda la vida.

OBJETIVO ESPIRITUAL

Le pido a Dios la gracia de entender mi meta espiritual más deseada para mi historia de vida. Podría ser con Dios, mi esposo, mis hijos, mi familia o un amigo cercano. Es el único objetivo espiritual que, si lo he logrado, me hará creer que mi vida se cumplió. Voy a buscar conexiones en mis respuestas a otros ejercicios de oración como se me ocurran. Antes de terminar mi oración, escribiré mi meta espiritual en una frase, explicando por qué definiría el éxito espiritual para mí.

Ejemplo: Que hago algo cada día para fortalecer mi relación con Dios y también para servir a los más necesitados.

OBJETIVO SOCIAL

Le pido a Dios la gracia de entender mi meta social o política más esperada para mi historia de vida. Podría ser para Dios, o para mi pareja, mis hijos, mi familia, un amigo íntimo o para la Iglesia, el país o el mundo. Es la meta en la sociedad que, si la lograra, o ayudara a lograrla, me haría pensar que mi vida se cumplió. Voy a buscar conexiones en mis respuestas a otros ejercicios de oración conforme se me ocurran. Antes de terminar mi oración, escribiré mi meta social en una frase más abajo, explicando por qué definiría el éxito social para mí y para el mundo.

Ejemplo: Que no tenga miedo de asumir un punto de vista, para ayudar a promover una cultura que respete la vida desde la concepción hasta la muerte.

OBJETIVO FINANCIERO

Le pediré a Dios la gracia de entender mi meta o ambición, financiera o económica, más esperada para mi historia de vida. Podría ser para Dios, mi pareja, mis hijos, mi familia, un amigo cercano, para la Iglesia, el país o el mundo. Es la única meta financiera que, si lo logré, o ayudé a lograrlo, me haría pensar que mi vida se cumplió. Voy a buscar enlaces en mis respuestas a otros ejercicios de oración conforme se me ocurran. Antes de terminar mi oración, escribiré mi meta financiera en una frase más abajo, explicando por qué definiría el éxito financiero para mí.

Ejemplo: Que trabajo para vivir y no vivo para trabajar, y que puedo enseñar a mis hijos que vivir sencillamente es la fuente de la alegría.

OBJETIVO DEL PERDÓN

Le pido a Dios la gracia de comprender a la persona que estaría más agradecida por recibir mi perdón. También pido a dios la gracia de comprender a la persona cuyo perdón yo estaría más agradecido de recibir. Antes de terminar mi oración, escribiré dos frases cortas abajo, una para cada persona, describiendo por qué la gratitud estaría presente en cada caso de perdón.

Ejemplo: Seguiré pidiendo a Dios que me ayude a perdonar a mis padres por divorciarse y desbaratar a nuestra familia.

80

Día 20

Lee esto primero:

Primero, reza la letanía que comienza esta semana.

Bienvenido al día veinte de tu viaje espiritual. Como siempre, voy a orar con palabras personales de mi corazón para ver lo que no he visto antes, y para ver los enlaces entre los varios aspectos de mi historia de vida. Estoy invitado a mirar estos componentes de mi vida narrativa con el Médico Divino a mi lado. Cristo me invita a despertar en mi vida.

Estás sólo en el período inicial de intentar, con la gracia de Dios, ver tu historia más claramente. Tu objetivo es entender mejor cómo escuchar tu historia, tanto sus desafíos como sus esperanzas. Recuerda, Cristo vigila contigo, con amor, paciencia, compasión y misericordia infinita. ¡NO TENGAS MIEDO!

Para tu ejercicio espiritual de hoy, revisa tus notas y pide ser inspirado para ver lo que Dios quiere que veas en este momento. Utiliza el nombre personal elegido para Dios y di: "Dame los ojos y el corazón para ver qué más me ayudará en este momento de mi vida". Ahora, mira lo que anotaste en tu diario durante estos días:

Once: Gratitud, Esperanza, Amor.

Doce: Miedo, Cólera, Pena.

Trece: Pecados.

Catorce: Adicciones.

Quince-Diecisiete: Mandamientos del Decálogo.

Dieciocho: Cosas que me hacen llorar.

Diecinueve: Objetivos.

Cuando termines de leer sus reflexiones, escribe dos frases sencillas en tu diario, que respondan a estas dos preguntas: Una- ¿Qué me proporcionó el mayor sentido de la fe, la esperanza y el amor? Dos- ¿Qué me dio la mayor razón para dudar de la fe, la esperanza y el amor? Dos frases sencillas, nada más.

&

Día 21

Lee esto primero:

Primero, reza la letanía que comienza esta semana.

Bienvenido al día veintiuno de tu viaje espiritual. Como siempre voy a orar con palabras personales de mi corazón para ver lo que no he visto antes, y para ver las relaciones entre los aspectos de mi historia de vida. Estoy invitado a observar estos componentes de mi vida narrativa con el Médico Divino a mi lado. Cristo me invita a despertar a mi vida.

Estás sólo en este período inicial de intentar, con la gracia de Dios, ver tu historia más claramente. Tu objetivo es entender mejor cómo escuchar tu historia, tanto sus desafíos como sus esperanzas. Recuerda, Cristo vigila contigo, con amor, paciencia, compasión y misericordia infinita. ¡NO TENGAS MIEDO!

Para tu ejercicio espiritual de hoy, completa el cuadro de diagnóstico (Buscando Enlaces en Mi Historia), *con al menos un elemento* para cada una de las declaraciones proporcionadas.

BUSCANDO ENLACES EN MI HISTORIA

UN MANDAMIENTO QUE ME RETA	
PECADOS QUE ME ATRAPAN	
ADICCIONES CON LAS QUE VIVO	
PERSONAS / EVENTOS QUE GENERAN TEMOR, ENOJO O DUELO	
PERSONAS / EVENTOS QUE GENERAN FE, ESPERANZA O AMOR	
FRASES EN LIBROS O PELÍCULAS QUE SIEMPRE ME LLEVA A LAS LÁGRIMAS	
LO QUE SIEMPRE ME HACE ENOJAR	
LO QUE SIEMPRE ME HACE ESTAR AGRADECIDO	
LO QUE SIEMPRE ME INSPIRA MIEDO	
MI MAXIMO OBJETIVO DE FE	
EL ÁREA DE MI VIDA MAS FUERA DE CONTROL	

Cuando termines de leer tus reflexiones, escribe dos sencillas frases en tu diario que respondan a estas preguntas: Una- ¿Qué me dio el mayor sentido de la fe, la esperanza y el amor? Dos- ¿Que me dio el mayor motivo para dudar de la fe, la esperanza y el amor? Dos frases sencillas, nada más.

ഇ

SEMANA 3

Meditación Opcional

Vigilia nocturna Semana 3

Esta es la tercera de las cuatro vigilias nocturnas que puedes hacer para tu viaje de Confesión de Toda la Vida. Sugerimos hacerlo en una noche con una meditación de 45 minutos.

¡NO TENGAS MIEDO!

Abre tu mente a todos los pensamientos, sentimientos e ideas que hayan surgido durante del día. Pasa algún tiempo hablando con Dios acerca de las cosas que crees significativas. Quédate aquí mientras estés cómodo y permanece solo.

I. Comienza esta meditación pidiendo a Jesús que esté contigo. Pídele a Jesús que te conceda la gracia que El considere sea la mejor para ti durante este tiempo de vigilia nocturna y este tiempo de entrenamiento. Específicamente pide la gracia de conocer el bien que deseas y cómo podrías ser tentado en creer que Jesús no está trabajando en ti, ni te está amando cuando percibes tu debilidad y pecaminosidad. Ora por la gracia de saber por qué puedes sentirte mal cuando Dios realmente está energizando tu conciencia para conocer tu verdadero corazón. Utiliza el Triple Coloquio a continuación para pedir estas gracias.

II. Abre tu Biblia en el quinto capítulo de Lucas, versos uno a once. Antes de leer, planea hacerlo lentamente para que puedas visualizar las escenas tal como sucedieron; únicamente colócate en el barco como uno más de los discípulos. Observa todos los detalles de la gente, los olores, los sonidos, etc. Mantente consciente de todos los pensamientos y sentimientos que tenías al entrar en esta meditación, y solamente ahora déjate distraer por los eventos que se desarrollan ante ti.

¿Cuál es el dilema de Pedro? ¿Puedes sentir lo que él puede estar sintiendo mientras habla con Jesús y le pide que lo deje? ¿Cuál es la respuesta de Jesús? ¿Qué le ofrece Jesús? Habla con Pedro después de que fue invitado por Jesús a ser un pescador de gente. ¿Cuál es su alegría o confusión? ¿Qué dijo?

III. Presta atención a tu reacción ante los acontecimientos que se han desplegado frente a ti. Observa a Pedro alejarse de la presencia de Jesús. Acércate a Jesús desde tu lugar en la multitud. Estás presente ante Jesús y nadie más en la multitud puede oírte. Habla con Jesús sobre lo que has visto y oído. ¿Qué le dices? ¿Qué dice El?

IV. Pregúntale a Jesús si hay algo en tu propia vida que te impida ser un discípulo suyo. Pregúntale a Jesús sobre cualquier cosa particular, en tu propia vida, que te cause vergüenza y te haga pensar que Jesús no podría o no quisiera invitarte. ¿Qué le dices? ¿Cuál es la respuesta de Jesús? Detente y escucha. ¿Qué estás pensando y sintiendo?

V. Di en oración: Toma, Señor, y recibe toda mi libertad, mi memoria, mi entendimiento y toda mi voluntad; todo lo que tengo y poseo. Me has dado todo; a ti, Señor, te lo devuelvo. Todo es tuyo, dispón de ello según tu voluntad. Dame sólo tu amor y tu gracia. Eso es suficiente para mi. ¡Amén!

છ૦

TRIPLE COLLOQUE DE SAN IGNACIO

El Primer Coloquio, o conversación, será con María. Habla con María, usando tus propias palabras pídele que obtenga de su Hijo la gracia de seguir a su Hijo en cada acto y decisión de tu vida. Cuando termines esta conversación, ora lentamente el Ave María, pensando en las palabras y en la persona a quien estás orando.

Ave María, llena de gracia, el Señor es contigo.
Bendita eres tú entre las mujeres
Y bendito es el fruto de tu vientre, Jesús.
Santa María, Madre de Dios, ruega por nosotros pecadores,
ahora y en la hora de nuestra muerte.
Amén.

El Segundo Coloquio, o conversación, será con Jesús. Habla directamente a Jesús, pidiéndole que pida a su Padre por las mismas gracias de arriba, es decir, que sigas a Jesús. Cuando termines tu conversación, ora lentamente al Anima Christi, pensando en las palabras y en la persona a quienes estás orando.

Alma de Cristo, santifícame. Cuerpo de Cristo, sálvame.
Sangre de Cristo, embriágame. Agua del costado de Cristo, lávame.
Pasión de Cristo, fortaléceme. Oh, buen Jesús, escúchame.
Dentro de tus heridas, escóndeme. No permitas que me aparte de ti.
Del malvado enemigo, defiéndeme. A la hora de mi muerte, llámame,
y hazme venir a ti, para que con tus santos te alabe por los siglos de
los siglos.
Amén.

Tercer Coloquio, o conversación, será con Dios el Padre. Pídele directamente al Padre, en tus propias palabras, te conceda la gracia de seguir a Su Hijo. Cuando termines, reza el Padre Nuestro, pensando en las palabras y en la persona a quien estás orando.

Padre nuestro, que estás en los cielos, santificado sea tu nombre.
Venga a nos tu reino,
hágase tu voluntad, así en la tierra como en el cielo.
Danos hoy nuestro pan de cada día, y perdona nuestras ofensas,
así como nosotros perdonamos a los que nos ofenden.
No nos dejes caer en tentación
y líbranos de todo mal.
Amen.

࿇

Semana 4

PRIMERO

Bienvenido a la cuarta semana de tu viaje espiritual. Elegiré un lugar de descanso contemplativo e idóneo para la reflexión. Será un lugar aparte, ¡Una zona libre de internet! Decidiré donde tomar mis descansos para la oración espiritual de cada día. La regularidad es clave para perseverar en disciplinas de cualquier tipo y es especialmente cierto en esta relación de oración con Cristo.

SEGUNDO

Si no hay tarea específica para un día dado esta semana, pasa dos minutos al final del ejercicio y escribe una respuesta corta a cada una de estas dos preguntas (por "corto" queremos decir de ½ a 2 oraciones máximo, no más):

1) ¿Qué en el ejercicio espiritual de hoy aumentó mi fe, esperanza y amor? Se específico pero breve.

2) ¿Que en el ejercicio espiritual hoy disminuyó mi fe, esperanza y amor? Se específico pero breve.

TERCERO

Voy a pedir la gracia para ver los enlaces entre los aspectos de mi historia de vida. Estoy invitado a mirar estos componentes de mi vida narrativa con el Médico Divino a mi lado. Cristo me invita a no tener miedo, sino a despertar a mi vida, a mi vida espiritual. Yo vigilaré y oraré con Cristo. Mis ejercicios espirituales para esta cuarta semana consisten en ejercicios que me preparan para escribir mi Confesión de Toda la Vida. Usaré el nombre personal de Dios que he descubierto e invocaré ese santo nombre en todos mis momentos de oración y cada vez que lleguen a mí durante el día.

Di esta letanía en voz alta, antes de cada sesión de oración esta semana:

No me voy a adelantar en leer.

Despertaré en el momento presente.

Tomaré cada día y cada ejercicio como viene.

No puedo hacerlo mejor al ir más rápido.

Le pediré a Dios que me ayude.

El miedo proviene del enemigo de mi naturaleza humana.

Afirmo que todo lo que me ha sucedido, y todo lo que he experimentado en toda mi vida, está presente en mi memoria.

Señor Jesucristo, afirmo que siempre transformarás mi pecado y debilidad en gracia y bendiciones!

¡No tendré miedo!

ෆ

Día 22

Lee esto primero:

Diré esta afirmación en voz alta hoy tan a menudo como recuerde:

¡Señor Jesucristo, afirmo que siempre transformarás mi pecado y mi debilidad en gracia y bendiciones! ¡No tendré miedo!

Bienvenido al día veintidós de tu viaje espiritual. Como siempre, oraré con palabras personales de mi corazón para ver lo que no he visto antes, y para ver las conexiones entre los aspectos de mi historia de vida. Estoy invitado a mirar estos componentes de mi vida narrativa con el Médico Divino a mi lado. Cristo me invita a despertar a mi vida.

Estás únicamente en el período inicial de intentar, con la gracia de Dios, ver tu historia más claramente. Tu objetivo es entender mejor cómo escuchar tu historia, tanto sus desafíos como sus esperanzas. Recuerda, Cristo observa contigo con amor, paciencia, compasión y misericordia infinita. ¡NO TENGAS MIEDO!

Para tu ejercicio espiritual de hoy, llena la siguiente tabla de diagnóstico (Buscando Vínculos En Mi Historia), con al menos un elemento para cada uno de los temas.

Cuando termines tu tabla, escribe dos oraciones sencillas en tu diario que respondan a estas preguntas: Una: ¿Qué me dio el mayor sentido de la fe, la esperanza y el amor? Dos: ¿Que me dio la mayor razón para dudar de la fe, la esperanza y el amor? Dos frases sencillas, nada más.

Nota importante: La información de tus tablas de diagnóstico será de ayuda a lo largo de tu vida. Estás únicamente en el periodo inicial de intentar, con la gracia de Dios, ver tu historial de gracia y pecado más claramente. Tu objetivo es comprender mejor como escuchar a tu Historia Sagrada. Recuerda, Cristo observa contigo, a lo largo de tu vida, con amor, paciencia, compasión y misericordia infinita. ¡No tengas miedo!

৪৩

BUSCANDO VINCULOS EN MÍ HISTORIA

Llenaré la siguiente tabla de diagnóstico con el objetivo de escribir al menos 3 elementos requeridos en cada categoría.

TRES MANDAMIENTOS QUE TENGO DIFICULTAD EN CUMPLIR	TRES PECADOS QUE ME ATRAPAN	TRES ADICCIONES CON LAS QUE VIVO	TRES PERSONAS O EVENTOS QUE PRODUCEN TEMOR, ENOJO O DUELO

TRES MANDAMIENTOS QUE TENGO DIFICULTAD EN CUMPLIR	TRES PECADOS QUE ME ATRAPAN	TRES ADICCIONES CON LAS QUE VIVO	TRES PERSONAS O EVENTOS QUE PRODUCEN TEMOR, ENOJO O DUELO

Día 23

Lee esto primero:

Diré esta afirmación en voz alta hoy tan a menudo como recuerde:

¡Señor Jesucristo, afirmo que siempre transformarás mi pecado y mi debilidad en gracia y bendiciones! ¡No tendré miedo!

Bienvenido al día veintitrés de tu viaje espiritual. Como siempre, oraré con palabras personales de mi corazón para ver lo que no he visto antes y para ver las conexiones entre los aspectos de mi historia de vida. Estoy invitado a mirar estos componentes de mi vida narrativa con el Médico Divino a mi lado. Cristo me invita a *despertar* a mi vida.

Estás únicamente en el período inicial de intentar, con la gracia de Dios, ver tu historia más claramente. Tu objetivo es entender mejor cómo escuchar tu historia, tanto sus desafíos como sus esperanzas. Recuerda, Cristo observa contigo con amor, paciencia, compasión y misericordia infinita. ¡NO TENGAS MIEDO!

Para mi ejercicio espiritual de hoy, contemplaré la siguiente tabla de diagnóstico, sobre cómo el pecado impactó en la vida de San Ignacio, para que él viera los vínculos en sus pecados: original (raíz), medular (tronco) y manifiesto (fruto).

Cuando termines tu tabla, escribe dos oraciones sencillas en tu diario que respondan a estas preguntas: Una- ¿Qué me dio el mayor sentido de la fe, la esperanza y el amor? Dos-¿Que me dio la mayor razón para dudar de la fe, la esperanza y el amor? Dos frases sencillas, nada más.

PECADOS MANIFIESTOS

El Fruto o el Ornamento

(El juego adictivo de San Ignacio, reacciones coléricas e indulgencia sexual)
Temor Manifiesto, Cólera y Duelo, debilidad moral, pecados,
adicciones y hábitos pecaminosos que
son los más visibles en ti.

↓   ↑

PECADOS CENTRALES

El Tronco o Estructura Central

(La arrogancia de Ignacio, conciencia ciega y narcisismo)
Desobediencia y narcisismo, así como el temor, enojo y duelo,
que forman el tronco o estructura central de tu vida diaria, alimentándose en
pecados y eventos originales.

↓   ↑

PECADOS ORIGINALES

Las Raíces o Cimientos

(Pecado Original y concupiscencia que hirieron el corazón y el alma de
Ignacio: pecados particulares de su clan o familia y/o eventos en su vida
temprana que lo hirieron espiritual, psicológica y físicamente)

Antiguos eventos originales que enraizaron los comportamientos de
desobediencia y narcisismo con su Temor, Enojo y Duelo.

Día 24

Lee esto primero:

Diré esta afirmación en voz alta hoy, tan a menudo como recuerde:

¡Señor Jesucristo, afirmo que siempre transformarás mi pecado y mi debilidad en gracia y bendiciones! ¡No tendré miedo!

Bienvenido al día veinticuatro de tu viaje espiritual. Como siempre, oraré con palabras personales de mi corazón para ver lo que no he visto antes, y para ver los enlaces entre los aspectos de mi historia de vida. Estoy invitado a mirar estos componentes de mi vida narrativa con el Médico Divino a mi lado. Cristo me invita a despertar a mi vida.

No estás sólo en el período inicial de intentar, con la gracia de Dios, ver tu historia más claramente. Tu objetivo es entender mejor cómo escuchar tu historia, tanto sus desafíos como sus esperanzas. Recuerda, Cristo observa contigo, con amor, paciencia, compasión y misericordia infinita. ¡NO TENGAS MIEDO!

Para mi ejercicio espiritual de hoy, contemplo los elementos de los cuadros de diagnósticos que llené a principios de la semana y rezo por la gracia de ver más claramente cómo el pecado me ha impactado en las raíces, el tronco y el fruto de mi vida. Para cada uno de los espacios en blanco de la última tabla, escribiré aquellos elementos (al menos uno de cada uno) que creo están presentes en mi vida como Pecados Originales (raíz), pecados principales (tronco) y pecados manifiestos (fruto).

Cuando termines de leer tus reflexiones, escribe dos oraciones sencillas en tu diario que respondan a estas preguntas: Uno: ¿Qué me dio el mayor sentido de la fe, la esperanza y el amor? Dos: ¿Que me dio la mayor razón para dudar de la fe, la esperanza y el amor?

Dos frases sencillas, nada más.

MIS PECADOS MANIFIESTOS – EL FRUTO DE MI ARBOL

↓   ↑

MIS PECADOS CENTRALES – EL TRONCO DE MI ARBOL

↓   ↑

MIS PECADOS ORIGINALES – LAS RAICES DE MI ARBOL

Día 25

Lee esto primero:

Diré esta afirmación en voz alta hoy tan a menudo como recuerde:

¡Señor Jesucristo, afirmo que siempre transformarás mi pecado y mi debilidad en gracia y bendiciones! ¡No tendré miedo!

Bienvenido al día veinticinco de tu viaje espiritual. Como siempre, oraré con palabras personales de mi corazón para ver lo que no he visto antes, y para ver los enlaces entre los aspectos de mi historia de vida. Estoy invitado a mirar estos componentes de la narrativa de mi vida con el Médico Divino a mi lado. Cristo me invita a despertar a mi vida. Para mi ejercicio espiritual de hoy, simplemente leeré acerca de la *Confesión de Toda la Vida.*

Cuando termines de leer acerca de la *Confesión de Toda la Vida,* escribe dos frases sencillas en tu diario que respondan a estas preguntas: Una- ¿Qué me dio el mayor sentido de fe, de esperanza y de amor? Dos- ¿Que me dio la mayor razón para dudar de la fe, la esperanza y el amor? Dos frases sencillas, nada más.

UNA CARTA A CRISTO JESÚS

Puedes preguntarte cómo harás uso de los ejercicios de oración de las últimas semanas. Esto se volverá más claro a medida que tu viaje continúe. Ten fe en que tus esfuerzos serán espiritualmente fructíferos. No se espera que veas el cuadro completo de todo lo que has hecho hasta ahora.

En cierta manera hemos estado jugando a la búsqueda del tesoro escondido, poniendo juntos diversos elementos de nuestra historia de la vida. El proceso de juntar las partes continuará durante el resto de tu vida, tanto por tu cuidadosa atención como por la gracia de Dios. Así que ten paciencia y confianza. A medida que pasa el tiempo, todo lo que has hecho hasta este punto adquirirá mayor significado para ti (si sigues las lecciones en orden y pides la ayuda de Dios).

Para los ejercicios espirituales del siguiente día, prepararás tu Confesión de Toda la Vida. Tus notas del diario de las semanas anteriores serán muy valiosas en este proceso sagrado.

¿Qué entendemos por una *Confesión de Toda la Vida*? Una Confesión de Toda la Vida es diferente de una confesión de toda tu vida. No es útil, ni se requiere confesar dos veces pecados y faltas que ya se han confesado. La oportunidad de una *Confesión de Toda la Vida* es observar los vínculos y los patrones de pecado y fracaso a lo largo de *toda tu vida*, lo que hemos estado trabajando en estas últimas semanas. Estás invitado a pedir la ayuda de Dios para ver una imagen holística de tu vida, tú historia, con Cristo como tu Divino Médico y sanador.

Hay que recordar que esta reconciliación con Dios conduce, por decirlo así, a otras reconciliaciones que reparan otras transgresiones causadas por el pecado. El penitente perdonado se reconcilia consigo mismo en lo más íntimo de su ser, donde recupera su verdad más íntima. Se reconcilia con sus hermanos a quienes de alguna manera ha ofendido y herido. Se reconcilia con la Iglesia. Se reconcilia con toda la creación.

Piensa en esta confesión como tu informe a Cristo, basado en tu diagnóstico espiritual, después de estas semanas de oración iluminadora. Puedes confesar los problemas actuales y los problemas anteriores que se han pasado por alto. Al hacer esto le estas diciendo a Cristo los *patrones* crónicos de pecado y debilidades que tu oración y reflexión, con la ayuda de la gracia de Dios, han despertado en ti. Y, lo que es más importante, cómo estos temas están relacionados con tu historia de vida: tu historia.

Mira tú historia de vida con Cristo, el Divino Médico a tu lado. Dirígete directamente y reconoce por qué lo necesitas como tu Salvador. Esta podría ser la primera vez que has revisado tu vida viendo claramente por qué no puedes salvarte a ti mismo, y que has pedido directamente a Jesús que fuera tu Salvador. ¡Qué profunda gracia saber por qué no puedes salvarte a ti mismo y pedirle a Cristo este tremendo don! ¡Una gracia profunda!

Mira esto también desde la perspectiva de Cristo. No hay mayor regalo que puedas darle a Cristo que tu pecaminosidad y debilidades, al momento de pedirle Su amor sanador, su misericordia y su perdón. Al hacer esto, tomas en serio el don de Su vida, pasión, muerte y resurrección. Le estás diciendo a Jesús que necesitas Su cruz para ser sanar. Estás agradeciendo a Jesús por haber sufrido y muerto por ti, para que puedas ser renovado en Él. ¡Este es el verdadero enfoque de la vida cristiana! Jesús realmente te ama y quiere oír lo que tienes que decirle. Él espera con compasión y gran anhelo para escuchar tu historia. También espera llevar tus cargas y ofrecerte Su perdón.

Y los escribas y los fariseos murmuraban contra los discípulos, diciendo: ¿Por qué coméis y bebéis con publicanos y pecadores? Respondiendo Jesús, les dijo: Los que están sanos no tienen necesidad de médico, sino los enfermos. No he venido a llamar a justos, sino a pecadores al arrepentimiento. Lc 5, 30-32

Con Jesús como tu Divino Médico, una *Confesión de Toda la Vida* tiene perfecto sentido. Él te entiende a ti y todo acerca de tu vida. Él tiene un intenso deseo de escuchar tu historia de vida y quiere responder como tu Salvador. Lo que sigue son algunas sugerencias para ayudarte a preparar esta carta simple, santa y agraciada. Tu carta es una declaración de tu necesidad y una confesión de tus pecados y patrones de pecado, así como una petición de perdón, curación y esperanza:

1. Una imagen vale más que mil palabras -

Tu vida es un cuadro, una historia. Escribe una carta a Cristo que no contenga más de 1000 palabras. Si fuera mecanografiada, sería de tres páginas y media a doble espacio. Pero no tienes que ser tan larga; repito, escribe no más de 1000 palabras.

2. Palabras personales que son sinceras -

Al principio identificaste el nombre de Dios que toca tu corazón. Esta semana encontraras el nombre de Cristo que habla a tu corazón. Tal vez sea Cristo Jesús, Señor y Salvador o Mi Señor. Estás hablando a Aquel que ganó tu victoria y quien vino al mundo para salvarte. Esta semana queremos hablar directamente con Cristo Jesús. Habla a Jesús en primera persona: "Por favor perdóname...; Recuerdo...; Yo sufrí...; Por favor cúbreme..." Escribe la historia confesional, tu historia, directamente desde tu corazón al corazón de Jesús.

3. Luchar por la honestidad-

Esfuérzate por tener valor y honestidad en tu carta. La carta es para ti y solamente para ti, a menos que decidas compartirla en la Confesión Sacramental. No necesitas impresionar a nadie. Lo que es significativo es tu coraje y honestidad. Se honesto también sobre el perdón que necesitas impartir a otros. Escribe desde tu corazón.

4. No estás subiendo el Monte Everest-

POR FAVOR, ora por la gracia de no convertir esta simple y agraciada oportunidad de confesión en una tarea enorme y agotadora. No estás escalando una montaña, estas teniendo una conversación con Cristo acerca de tu vida. Oídlo decirte:

Venid a mí, todos los que estáis cansados y cargados, y yo os haré descansar. Tomad mi yugo sobre vosotros y aprended de mí, que soy manso y humilde de corazón, y hallareis descanso para vuestras almas. Mt 11, 28-29

5. Orar por la paciencia y la compasión-

Despertar a tu historia de la vida tomará el resto de tu vida. Toma toda una vida para que la obra de sanación y perdón de Cristo abrace tu corazón y tu alma. No hay una línea de meta ni de iluminación final que puedas alcanzar en esta tierra. Siempre necesitarás la curación en niveles más profundos. Crecerás constantemente en el amor y en el entendimiento, así como en el desinterés y la humildad hasta el día en que pases de esta tierra. No habrás terminado hasta el día en que el Divino Médico te siente en su Banquete Eterno.

Pero la semilla en la tierra buena, estos son los que han oído la palabra con corazón recto y bueno, y la retienen, y dan fruto con su perseverancia. Lc 8:15

6. Coloca la escena en la imaginación de tu corazón -

He aquí cómo puedes explayar la imaginación de tu corazón mientras escribes: imagina que te han dado la oportunidad de estar a solas con Cristo cuando camina de un pueblo a otro. Tendrás 15 minutos con Él a solas. Ve el sendero y a los otros acompañantes que caminan delante de ti y del Señor. Nadie más puede oírte. Escribe tu carta como si estuvieras hablando a Cristo en este ambiente. Él sabe por qué quieres hablar con Él y está listo para escucharte. Antes de que empieces a hablar de tu vida, Él te mira a los ojos y dice: "Pronto seré levantado en mi cruz, estoy haciendo esto por ti para que puedas encontrar perdón, sanidad y esperanza por los pecados, las debilidades y el sufrimiento que experimentaste durante tu vida. Al vencer a la muerte y al pecado, al exhalar mi último aliento, los sostendré a ti y a tu historia de vida en mi corazón. Encontrarás la

victoria y la vida eterna en mí y un día estarás conmigo en el paraíso.
"

Y Jesús dijo: "Padre, perdónalos, porque no saben lo que hacen." Y él dijo: "Jesús, acuérdate de mí cuando vengas a tu reino." Entonces Él le respondió: "En verdad te digo: hoy estarás conmigo en el paraíso."
Lc 23: 34, 42-3

Ejemplo de carta a Jesús

Lo que sigue es una plantilla sobre cómo podrías estructurar tu conversación, carta o confesión, desde el fondo de tu corazón, a Cristo Jesús, el Médico Divino:

> "Querido Jesús, estoy tan agradecido por todos los dones que me has dado" (Escribe detalladamente, desde tu corazón, porqué estás agradecido.) Usa el nombre de Jesús frecuentemente mientras escribes tu carta, dando ejemplos muy particulares del motivo por el qué estás agradecido).

> "Señor, estoy profundamente consciente de cómo algunas de mis experiencias pasadas (historia de la vida, familia, amigos, trabajo, escuela, vecinos) están vinculadas a áreas de aprisionamiento en mi vida y cómo estas experiencias han creado vergüenza, hábitos aflictivos y patrones enraizados de pecaminosidad". (Pasa algún tiempo observando el pasado de tu vida y ofrece ejemplos particulares que capturan los vínculos y patrones de pecado, adicción, vicios y mandamientos que te hacen tropezar. Si no puedes discernir patrones todavía, simplemente escribe sobre esos temas. Si hay personas centrales en tu historia de vida que están vinculadas a estos patrones destructivos, menciónalos a Cristo. Si estás confundido acerca de algunas de las cosas

que haces, dile a Jesús lo que son y luego, pide su ayuda para comprender mejor el motivo por el que haces estas cosas. Desde tu corazón, pide la gracia de Cristo, para que obtengas una mayor libertad de estos pecados y patrones de pecado, hábitos y vicios).

"Pero Señor, hay un patrón central de pecado que me causa más vergüenza, pena, confusión y desánimo". (Pasa algún tiempo, siendo muy específico en tu conversación con Jesús, sobre este patrón de pecado en tu vida y por qué es tan difícil para ti. Dile a Jesús las circunstancias particulares de cuando más pareces caer en su hechizo y las circunstancias que rodean tus fracasos. Dile a Jesús cómo te sientes cuando fallas. Si hay incidentes específicos de este patrón de fracaso que no has confesado, díselo al Señor, y pide Su sanación y perdón).

"Señor Jesús, me he dado cuenta de que no puedo salvarme a mí mismo y pido tu compasión. Te pido que seas mi Salvador. Rescátame y permanece conmigo el resto de mis días" (Pasa algún tiempo hablando con Jesús, en palabras muy particulares, sobre por qué has llegado a comprender que no puedes salvarte a ti mismo y por qué necesitas Su gracia, por qué necesitas que sea tu Salvador. Dile en palabras muy claras, motivo x, y o z, por qué no puede salvarte a ti mismo. Háblale acerca de cualquier persona o personas a quienes no puedas perdonar y acerca de lo que te hicieron. Dile el motivo por qué te es difícil perdonarlos. Dile a Jesús que, con su Gracia, llegarás a desear perdonarlos y, con el tiempo, lograrás perdonarlos. Pide esa gracia. Pide al Señor que mantenga Su atención en los asuntos centrales de tu vida (nómbralos), aquellos que constantemente te acosan y ora para que nunca te canses de buscar Su perdón y que nunca pierdas la esperanza en ti mismo o en Él. Pídele al

Señor que sea tú Salvador).

"Señor Jesús, te agradezco que me hayas dado el coraje de afrontar cualquier temor que tuviera y que haya confiado en ti, con mi vida, en este sacramento de sanación de tu amor redentor" (Termina tu carta, conversación o confesión, con palabras muy personales desde tu corazón, agradeciendo a Jesús que Él haya escuchado tu oración y que Él para siempre será tu Salvador. Con palabras sinceras, agradece a Jesús el hecho de que Él entiende tu vida y pide que Él continúe caminando contigo, te dé gracia y esté contigo hasta el final de tus días. Pídele a Jesús la gracia de servirle cada día más con todo lo que pienses, digas y hagas, pide la gracia de trabajar por los frutos que perdurarán hasta la eternidad).

"Gracias Jesús por ser mi Salvador." (Cierra la carta que has escrito desde tu corazón, agradeciendo a Jesús por ser tú Salvador. Pide Su gracia continua mientras escribes tu *Historia Sagrada*).

&

Día 26

Lee esto primero:

Diré esta afirmación en voz alta hoy tan a menudo como recuerde:

¡Señor Jesucristo, afirmo que siempre transformarás mi pecado y mi debilidad en gracia y bendiciones! ¡No tendré miedo!

Bienvenido al día veintiséis de tu viaje espiritual. Como siempre, oraré con palabras personales de mi corazón para ver lo que no he visto antes, y para ver los enlaces entre los aspectos de mi historia de vida. Estoy invitado a mirar estos componentes de mi vida narrativa con el Médico Divino a mi lado. Cristo me invita a despertar en mi vida.

Mi ejercicio espiritual de hoy y mañana consistirá en escribir una carta a Cristo Jesús pidiendo Su ayuda y sanación para mi historia de vida. La carta es mi confesión de fe en aquel que viene a sanarme y perdonarme. La carta es también una instantánea de toda mi vida. Es mi oportunidad de decirle a Cristo donde he sido herido por el pecado y por las dificultades de la vida, cómo lucho por la integridad y por qué necesito la ayuda y el perdón de Jesús. Le pediré a Jesús que sea mi Salvador.

Mi ejercicio espiritual de hoy y mañana podrá ser de más de 20 minutos, porque estoy escribiendo una carta. Sin embargo, todavía comienzo cada período de oración sentándose en una posición cómoda. Usaré mi nombre favorito para Jesús (Cristo Jesús, Señor y Salvador, Redentor...), para la oración personal de esta semana porque Cristo es la persona que me libró del pecado y de la muerte. En esta semana, Él es a quien estoy hablando.

Recuerda las pautas del Día 25 para esta carta -

Recuerda todas las directrices del Día 25 para esta carta. Tu carta a Cristo no debe contener más de 1000 palabras. Si se mecanografiara, sería de tres páginas y media a doble espacio. Pero no tienes que escribir tanto. Repito, escribe no más de 1000 palabras. Para esta carta usa la plantilla: *Muestra de Carta a Jesús,* del día 25.

છ

Día 27

Lee esto primero:

Diré esta afirmación en voz alta hoy tan a menudo como recuerde:

¡Señor Jesucristo, afirmo que siempre transformarás mi pecado y mi debilidad en gracia y bendiciones! ¡No tendré miedo!

Bienvenido al día veintisiete de tu viaje espiritual. Como siempre, oraré con palabras personales de mi corazón para ver lo que no he visto antes, y para ver los enlaces entre los aspectos de mi historia de vida. Estoy invitado a mirar estos componentes de mi vida narrativa con el Médico Divino a mi lado. Cristo me invita a despertar en mi vida.

Mi ejercicio espiritual de hoy es terminar de escribir una carta a Cristo Jesús, pidiendo Su ayuda y sanación para mi historia de vida. La carta es mi confesión de fe en aquel que viene a sanarme y perdonarme. La carta es también una instantánea de toda mi vida. Es mi oportunidad de decirle a Cristo donde he sido herido por el pecado, las dificultades de la vida, cómo lucho por la integridad y por qué necesito la ayuda y el perdón de Jesús. Le pediré a Jesús que sea mi Salvador.

Mi ejercicio espiritual de hoy puede ser de más de 20 minutos, porque estoy escribiendo una carta. Sin embargo, todavía comienzo cada período de oración sentándome en una posición cómoda. Yo usaré mi nombre favorito para Jesús (Cristo Jesús, Señor y Salvador, Redentor...), para la oración personal de esta semana, porque Cristo es la persona que ganó mi libertad del pecado y la muerte. En esta semana, Él es a quien estoy hablando.

Recuerda las pautas del Día 25 para esta carta.

Día 28

Lee esto primero:

Diré esta afirmación en voz alta hoy tan a menudo como recuerde:

¡Señor Jesucristo, afirmo que siempre transformarás mi pecado y mi debilidad en gracia y bendiciones! ¡No tendré miedo!

Bienvenido al día veintiocho de tu viaje espiritual. Como siempre, oraré con palabras personales de mi corazón para ver lo que no he visto antes, y para ver los vínculos entre los aspectos de mi historia de vida. Estoy invitado a mirar estos componentes de mi vida narrativa con el Médico Divino a mi lado. Cristo me invita a despertar en mi vida.

Somos un pueblo de fe que vive a la luz de la Cruz de Cristo, la luz de la Resurrección de Cristo y la luz de la Segunda Venida de Cristo. Somos Sus hermanos y hermanas. Vivimos porque somos amados por Dios.

Durante estos días, mientras reflexionas en tu Confesión de Toda la Vida, recuerda que la confesión incluye alabanzas de agradecimiento junto con la admisión de pecados y faltas. Recuerda que Cristo, el Divino Médico, vino para que triunfes a través de tus fracasos y debilidades, por medio de Su gracia sanadora y perdonadora, para producir fruto que perdure por la eternidad.

Recuerda cómo San Ignacio se maravilló al pensar que, en toda la historia de la Iglesia no hubo alguien que pecó tanto como él, y a quien también se le hubieran concedido tantas gracias. "Donde el pecado aumentó, la gracia se desbordó aún más" (Romanos 5:20).

Hoy es el día para que tomes tu carta de *Confesión de Toda la Vida* a la Reconciliación. No sucumbas a tu ansiedad o perfeccionismo que pudieran sugerir que no has escrito una carta "perfecta".

Si has hecho tu confesión, usa tu período de oración de 20 minutos para estar con Cristo y con la carta que le escribiste. Lleva tu cuaderno a tus sesiones de oración.

Después de cada sesión, escribe una frase para lo que te trajo más esperanza al leer tu carta, y una oración para lo que te causó más desánimo al leer tu carta. Lentamente observa las palabras y frases que te trajeron esperanza y paz. Recuerda la experiencia de tu confesión y deja que sus gracias penetren profundamente en tu corazón.

℘

SEMANA 4

Meditación opcional

Vigilia nocturna Semana 4

Esta es la última de cuatro vigilias nocturnas que puedes hacer para tu viaje de *Confesión de Toda la Vida.* Sugerimos hacerlo en una noche y dar 45 minutos a la meditación.

RESURRECCIÓN DE LAZARO

Has únicamente una sección a la vez. Avanza como sugiera tu corazón. Dedica el tiempo que desees a la última sección. **Hazlo en soledad.**

I. Ora a Jesús, rogando por la gracia del conocimiento en aquellas áreas de tu vida donde la oscuridad y la confusión del pecado sean las más vergonzosas y dañinas. Esta es una visión agraciada que sólo puede ser dada a nosotros por el Señor. Somos incapaces de conocer nuestra pecaminosidad a no ser por su amor que nos muestra el camino. Ora a Jesús, usando tus propias palabras.

II. Abre tu Biblia en el undécimo capítulo de Juan y lee los versículos uno al cuarenta y cuatro. Es una historia conocida, pero trata de leerla de nuevo, prestando atención a todos los detalles: la gente, los entornos, los lugares particulares y los olores. Ve las reacciones de las varias personas, observa sus estados de ánimo, esperanzas, temores, etc. Pasa el tiempo que gustes en hacer esto y continuar cuando tu corazón lo sugiera.

III. Lee el mismo pasaje nuevamente a través del versículo treinta y siete, pero esta vez lee la historia sustituyendo tu nombre y tu ciudad natal en lugar de Lázaro y Betania. Leer despacio y al hacerlo presta atención a tus propios pensamientos y sentimientos. ¿Qué observas, sientes y comprendes?

IV. Lee la parte restante de la historia, versos treinta y ocho a cuarenta y cuatro. Entiende que Jesús ha venido para darte sanación y vida nueva, que ha venido para sacarte de tu tumba. Mientras Él llora, entiende que lo hace porque te ama. Obsérvate dentro de la tumba. ¿Qué porciones de tu vida necesitan ser devueltas a la vida? ¿Dónde, el perdón y la sanación son más necesarios? Pide a Jesús que te eleve a la vida. Escucha a Jesús invitándote a salir de la tumba, como él lo hace; escúchalo nombrar todas aquellas áreas de tu vida que acabas de nombrar y donde necesitas esperanza y perdón. Escucha sus palabras de perdón y compasión mientras te llama y te abraza. Detente. ¿Qué estás pensando y sintiendo? Escucha.

V. Termina tu tiempo de meditación orando lentamente las palabras del *Padre Nuestro*.

MEDITACIONES DE ORACIÓN PARA LA HISTORIA SAGRADA

Ora todos los 15 minutos de la oración de la Historia Sagrada, una o dos veces al día y repite conscientemente a Cristo Jesús el refrán de cinco palabras (Creación, Presencia, Memoria, Misericordia y Eternidad) siempre que te encuentres en manos del miedo, la ansiedad, el dolor o los pecados, adicciones y compulsiones destructivas.

CREACIÓN

Creo que Dios creó todo en amor y por amor; pido un conocimiento sincero del amor de Dios por mí y de la gratitud por las gracias habituales y particulares de este día.

PRESENCIA

Creo que Dios está presente en cada momento y evento de mi vida, y pido la gracia para despertar, ver y sentir dónde y cómo lo está, especialmente en este momento presente.

MEMORIA

Creo que todas las violaciones del amor cometidas por mí y contra mí están en mi memoria y pido a Dios que me las revele, especialmente a aquellas que se han manifestado hoy, para que yo pueda ser sanado.

MISERICORDIA

Creo que el perdón es el único camino hacia la curación y la iluminación. Ruego por la gracia del perdón y la gracia de perdonar, especialmente por los fracasos generales y particulares de este día y por los de mi pasado.

ETERNIDAD

Creo que la gracia del perdón abre mi corazón, haciendo que cada uno de mis pensamientos, palabras y hechos produzcan frutos que perduren hasta la eternidad. Pido que todo en mi vida sirva a la Gran Obra de Reconciliación de Cristo.

ℰ

Toma Señor, recibe, mi libertad, mi memoria, mi entendimiento, toda mi voluntad. Lo que tengo o poseo, tú me lo has dado. Yo lo entrego todo a ti para ser gobernado por tu voluntad. Dame sólo Tu amor y gracia. Esto es suficiente para mí, y no pido nada más. Amén.

ℰ

Señor, muéstrame tus caminos, y enséñame tus sendas.
Guíame en tu verdad y enséñame, porque tú eres el Dios de mi salvación;
en ti espero todo el día.
Bueno y recto es el Señor; por tanto,
El muestra a los pecadores el camino.
Dirige a los humildes en la justicia, y enseña a los humildes su camino.
Todas las sendas del Señor son misericordia y verdad para aquellos que guardan su pacto y sus testimonios.
Los secretos del Señor son para los que le temen, y Él les dará a conocer su pacto
(Salmos25: 4-5, 8-9, 10, 14)

ℰ

Permanece en Mi

Una Relación Diaria Con Cristo Como Salvador,

Médico Divino y Señor de Todo[9]

Te invito a orar con los primeros versículos del capítulo 15 del evangelio de San Juan. Toma los minutos, horas o días que quieras para orar con San Juan. No hay prisa.

Yo soy la vid verdadera, y mi Padre es el que la cultiva. Si una de mis ramas no da uvas, la corta; pero si da uvas, la poda y la limpia, para que dé más. Ustedes ya están limpios por las palabras que les he dicho. Sigan unidos a mí, como yo sigo unido a ustedes. Una rama no puede dar uvas de sí misma, si no está unida a la vid; de igual manera, ustedes no pueden dar fruto, si no permanecen unidos a mí. Yo soy la vid, y ustedes son las ramas. El que permanece unido a mí, y yo unido a él, da mucho fruto; pues sin mí no pueden ustedes hacer nada. El que no permanece unido a mí, será echado fuera y se secará como las ramas que se recogen y se queman en el fuego. Si ustedes permanecen unidos a mí, y si permanecen fieles a mis enseñanzas, pidan lo que quieran y se les dará. En esto se muestra la gloria de mi Padre, en que den mucho fruto y lleguen así a ser verdaderos discípulos míos. Yo los amo a ustedes como el Padre me ama a mí;

145

permanezcan, pues, en el amor que les tengo. Si obedecen mis mandamientos, permanecerán en mi amor, así como yo obedezco los mandamientos de mi Padre y permanezco en su amor. Les hablo así para que se alegren conmigo y su alegría sea completa (Juan 15, 1-11).

El examen ignaciano que inspira la oración del Relato Sagrado se convirtió en un elemento fundamental en mi vida como jesuita en 1994. Habiendo entrado en la Compañía de Jesús en 1973, para esa fecha ya había vivido veinte años como jesuita, ocho de ellos como sacerdote, pero mi práctica de esta oración fue inconstante durante muchos años. Todo indicaba que tenía una vocación cristiana, me refiero a esto de la misma manera que alguien que observara a una pareja católica con hijos o a una persona soltera que hace un trabajo de servicio, estaría de acuerdo en que cada una de estas personas tiene una vocación cristiana.

Una vida de oración, la eucaristía diaria, un retiro anual de ocho días, y una vida teológica satisfactoria (lecturas sobre la fe y muchas conversaciones sobre Dios y la Iglesia) me hicieron pensar y sentir que tenía una vida religiosa verdadera. Y la tenía. Pero la pregunta para mí cambió: ¿Estaba viviendo plenamente una vocación cristiana? La respuesta a eso es mucho más compleja. Por abreviar la historia, permítanme decir que he aprendido más claramente que una vocación cristiana no equivale a pertenecer simplemente a una orden religiosa. Para utilizar una analogía, un matrimonio cristiano es diferente de ser católico, estar casado y tener hijos.

Mi vocación cristiana requiere que me abra diariamente a Jesús y permita que mis acciones, emociones, deseos, amores, heridas, miedos y planes (especialmente mis preciosos planes), sean compartidos y moldeados por la influencia de Jesús. Compartir significa que me someto a Jesús y permito que Él tenga voz en lo que estoy haciendo y en lo que me estoy convirtiendo diariamente, en

146

las cosas a las que me aferro y en aquellas a las que renuncio. Actuar de manera cristiana significa que ya no me pertenezco a mí mismo. Más bien, pertenezco al Señor.

Algunos buenos amigos, que han estado casados durante varios años, recientemente comentaron conmigo cual es uno de los mayores ajustes que han tenido que hacer como resultado de estar casados. Ya no pueden hacer planes en un aislamiento dichoso, sino que tienen que consultar con su pareja sobre prácticamente todos los aspectos de sus vidas. Esta participación consultiva puede ser tanto una alegría como una molestia. Cada uno es llamado fuera de la prisión de su ego e invitado a amar, sacrificar y hacer ajustes para que el otro pueda crecer y florecer. Realmente crecemos cuando somos llamados fuera de nosotros mismos y hay alegría cuando se comparte íntimamente la vida del Amado. Hemos sido creados para la alegría de compartir íntimamente en la vida del otro. Somos hechos a imagen y semejanza de Dios, que *es relación*.

Una vocación cristiana requiere una relación íntima con el Señor Jesús. Requiere hacer de esta relación una prioridad cotidiana. La oración del *Relato Sagrado*, más que cualquier otra disciplina espiritual que he encontrado en mis cuarenta años en la vida religiosa, me lleva a encontrarme cara a cara con Jesús en una relación que me llama a salir de mi mismo. Es el camino más efectivo que me ha permitido ser fiel al hombre y sacerdote que Dios desea que yo sea. No siempre es fácil y no quiero minimizar el reto que ha significado en términos de mi honestidad y apertura. Es una alegría y una renuncia por exactamente las mismas razones que cualquier relación seria exigiría de mi. He tenido momentos de agravio y dificultad durante la oración de mi Relato Sagrado. También he experimentado momentos en los que no quería rezar porque sabía que me enfrentaría con cosas que preferiría ignorar.

He aquí un ejemplo típico. Hace algún tiempo, estaba luchando internamente con alguien que sentía que me había hecho daño. Estaba herido, frustrado y molesto por lo que percibía como una injusticia contra mí. Descubrí que dejaba de sentirme molesto cuando esta persona experimentaba desgracias, porque sentía que esta persona se las merecía. En la oración no hablaba con Jesús de esta persona. En cambio, me encontré elucubrando sobre cómo me había hecho daño. Mi foco de atención estaba en mí mismo.

Un día caí en la cuenta de mi falta de caridad cristiana. Instintivamente entendí que necesitaba llevar mis sentimientos acerca de esta persona a Jesús y, sin embargo, me resistí. Una parte de mi corazón quería simplemente exaltar mis dolores justificados. Tomé varios períodos de oración de mi Relato Sagrado para comenzar a hablar al Señor desde lo que sentía en mi corazón. La gracia que necesitaba para perdonar a esta persona llegó en una fracción de segundo. También pude aceptar algunas de las fallas en mi propia personalidad que pueden haber contribuido a las dificultades iniciales. Es sorprendente cómo esa claridad viene con honestidad. ¡Esta fue una experiencia de gracia!

Sin embargo, pasado un tiempo, en la misma oración con mi Relato Sagrado, una nueva inspiración se apoderó de mí. ¿Quizá no sea prudente perdonar? Podría perder terreno. La frustración que volvía a reclamar atención y el espíritu oscurecido por la desolación, que acompañaba esta nueva experiencia, contrastaban con la tranquilidad que había experimentado durante el momento anterior de oración de mi Relato Sagrado. Al examinar mis mociones espirituales, estaba claro lo que venía de Dios y lo que venía del mal espíritu. Honestamente, yo estaba fuertemente tentado a ignorar la verdad de mi discernimiento espiritual y negarme a perdonar. Pero Dios me invitó a desarmarme. Me invitó a ser vulnerable. Fue una invitación a una mayor libertad espiritual, la libertad que Ignacio llama desapego. La libertad suena bien, pero no es algo que siempre queremos.

Este evento significó para mi un despertar porque exigía claramente la difícil elección del perdón. Puede parecer extraño, pero me ayudó a estar absolutamente seguro de que Jesús está interesado en todo lo que yo hago. Cada pensamiento, palabra y obra que tengo es importante para el Señor. Quiere ser parte de todo lo que experimento. El Relato Sagrado, orado fielmente, me ha hecho consciente de lo que significa estar en relación con Jesús. Siento los efectos de la entrega que es necesaria para una relación real con Jesús, y la siento de una manera particularmente poderosa dos veces al día. He escogido hacer de la entrega espiritual el centro de mi vida jesuítica. Orar la oración del Relato Sagrado me ha ayudado a reconocer cuántas cosas de mi vida diaria mantengo alejadas del Señor.

Una característica muy propia de la Compañía de Jesús es tener una fuerte tradición intelectual; es un bien en sí mismo. Pero hay algo que Ignacio quería que los jesuitas valoraran por encima del aprendizaje: la virtud, la vida espiritual y la entrega de nuestra voluntad y nuestros corazones a Dios. Los dones humanos que cultivamos sólo alcanzan su fecundidad a la luz de una vida espiritual bien fundamentada. En la parte décima de Las Constituciones de la Compañía de Jesús, titulada "De cómo se conservará y aumentará todo este cuerpo en su buen ser", dice Ignacio:

"Y así parece que a una mano debe procurarse que todos los de la Compañía se den a las virtudes sólidas y perfectas y a las cosas espirituales, y se haga de ellas más caudal que de las letras y otros dones naturales y humanos. Porque aquellos interiores son los que han de dar eficacia a estos exteriores para el fin que se pretende".

(Parte X 813,2)

Este consejo está escrito para los jesuitas, y para el cuidado y crecimiento de la Compañía de Jesús. Sin embargo, ofrece una clave de sabiduría ignaciana que es aplicable a cualquier vocación o situación en la Iglesia. Los dones y cualidades humanas alcanzan su perfección y la altura de su potencia cuando el portador de esos dones y/o cualidades se une a Dios y le entrega su vida. Esto es válido para los talentos del atleta, la perspicacia intelectual del estudiante universitario, las habilidades artísticas del cantante o arquitecto, los dones curativos del médico o enfermera, el ministerio de religiosos y sacerdotes, las habilidades de liderazgo del político y de la persona que trabaja y negocia, y del amor mutuo de la pareja y de ellos para con sus hijos.

La decisión personal que enfrento diariamente, dos veces al día, es:

¿Hasta qué punto permitiré que mi vida esté en manos de Dios?

¿Hasta dónde me permitiré permanecer en su amor? Jesús debió haber estado observando las plantaciones de uva cuando dijo el pasaje escrito en el evangelio de San Juan. La vid o el tronco, es la fuente de todos los nutrientes. Sólo las ramas que crecen directamente de Él, o que han sido injertadas en ese tronco, podrán dar fruto. Cuando miro la historia de mi vida, reconozco que he producido todo tipo de frutos por mi propio esfuerzo. Pero en este momento, la pregunta que me hago es: ¿Cuánto de lo que he producido es el fruto de mi relación con Jesús? En otras palabras, ¿Me he permitido ser un "discípulo cotidiano" de Jesús al estar en relación con Él? ¿Soy una rama que está unida a la vid, que es Jesús?

La conclusión de mi experiencia con el Relato Sagrado es que he sido desafiado a abrir todo mi corazón y mi vida a la gracia de Dios. Mientras el compromiso como jesuita y como sacerdote siempre lo sentí como algo que me exigía tiempo completo y compromiso de toda mi vida, la relación con Jesús parecía tener un 'encendido' y un 'apagado' que funcionaban alternativamente. Francamente, yo tenía más control que Dios. Ahora siento que he comenzado a comprometerme, efectivamente, con Jesús. Dos veces al día necesito ir a Él con mis altibajos, mis alegrías y angustias, mis amores y victorias, mis fracasos y dolor, y mi necesidad constante.

Mi necesidad constante: ¿Qué significa eso? Significa que la oración del Relato Sagrado me hace más consciente de mi debilidad, mis fracasos y mi necesidad de redención. He recibido la gracia de ver más claramente que nunca, la fuerza del sacrificio redentor de Cristo. Es una gracia sin la cual no puedo vivir. Tal vez sea el mismo descubrimiento que hace el alcohólico o el drogadicto. Un día, el adicto por fin toma conciencia de que su vida, que pensaba que estaba bajo su control, en realidad estaba completamente descontrolada.

El único camino que tenemos para alcanzar la salvación es entregarnos al abrazo y a la sobriedad del amor. Los alcohólicos que reconocen la verdad de su vida saben que siempre estarán en proceso de recuperación y que nunca se recuperarán completamente. Debemos vivir con la conciencia constante de la propia vulnerabilidad y recurrir a Dios para pedir ayuda. Es una vida de sumisión, humildad y santa dependencia.

¿Será la invitación a la sumisión, a la humildad y a la santa dependencia la mejor manera de convencerte de que permanezcas comprometido con la oración del *Relato Sagrado*? ¿Será una buena estrategia de mercadeo? Tal vez no. Pero estoy convencido de que, si bien tus problemas pueden ser diferentes de los míos, tu experiencia te llevará a la misma posición de humildad, sumisión y dependencia de Dios cuando te enfrentes con la verdad de tu debilidad y necesidad.

¿Qué haría atractiva esta forma de vida? Orar y vivir el Relato Sagrado permite a una persona ser vulnerable, humilde y depender de Dios. Puedo confiar en Jesús, que ha prometido darme lo que necesito: "Si ustedes permanecen unidos a mí, y si permanecen fieles a mis enseñanzas, pidan lo que quieran y se les dará" (Jn 15, 7).

Estas palabras cambian completamente a una persona y a su visión del mundo. Jesús ofrece esta relación para que mi alegría "pueda estar completa". Porque yo experimento que, incluso en la condición más débil y vulnerable de mi vida, el Amor no se aleja de mí. El amor se ha comprometido irrevocablemente conmigo. Él se sacrificó por mí para que yo pueda vivir en plenitud, y quiere que el conocimiento de este gran amor sea experimentado por mí en el nivel más íntimo. También ha prometido que esta vida de discipulado da gran gloria al Padre que está en los cielos. Permitir que permanezca en su amor producirá un fruto que dará gloria al Padre de Jesucristo. ¡Qué impresionante realidad!

Al comienzo de un retiro o en mi oración diaria del Relato Sagrado, trato de comprometerme con esta relación. La renovación de mi compromiso vocacional con Cristo, en el compromiso diario con la oración del *Relato Sagrado,* es un medio para profundizar el conocimiento de mi radical dependencia en Dios. Promueve el gozo de una relación personal con Cristo Jesús que me apoya y me abre a los anhelos más profundos de mi corazón.

Cuanto más abro mi corazón a una relación seria con el Señor, más llego a comprender la alegría para la que he sido creado. Tú también has sido creado para esta alegría. Es por eso que estoy seguro de que permanecerás en el abrazo del Relato Sagrado y en el Señor Jesús que te ama más allá de toda imaginación. El Amor que fundamenta el universo te sostiene en su corazón.

એગ

Glorioso Señor Jesucristo...

Tú que eres el primero y el último,

Él que vive y muere, y resucita de nuevo;

Tú que reúnes en tu exuberante unidad,

Toda belleza, todo atractivo, toda energía,

Todo modo de existencia;

Es a ti hacia quien mi ser grita con un deseo

Tan vasto como el universo,

"En verdad, tú eres mi Señor y mi Dios"[10]

એગ

Observaciones Para Pastores y

Directores de Formación de Fe de Adultos

El Instituto de La Historia Sagrada está trabajando para crear un complemento de recursos parroquiales en los programas: *Confesión de Toda la Vida*, así como en *Cuarenta Semanas*. Si deseas ayudarnos a lograr este objetivo, ponte en contacto con nosotros. Nuestra dirección de correo electrónico se encuentra en la página siguiente. También, por favor, haznos saber qué tipo de materiales adicionales serían útiles y cómo mejorar este recurso para.

Mientras tanto, puedes encontrar recursos básicos necesarios para el uso de *Cuarenta Semanas* en la renovación de la parroquia, en el Rito de Iniciación Cristiana Para Adultos y para grupos de oración. Por favor, accede a estos recursos en el sitio www.sacredstory.net, sección para miembros del Curso Parroquial de 40 Semana. Una vez registrado, podrás acceder a los materiales del programa. La membresía es gratuita.

Sacred Story Press
Prensa de Historia Sagrada

Seattle, Washington, Estados Unidos
sacredstory.net

Sacred Story Press, Prensa de Historia Sagrada, explora nuevas dimensiones dinámicas de la espiritualidad ignaciana clásica, basada en el método de oración de la Conciencia de San Ignacio en la Historia Sagrada, iniciado por el P. Bill Watson, S.J. Estamos creando una nueva clase de recursos espirituales. Nuestras publicaciones, basadas en investigación, se adhieren a la auténtica Tradición Católica y han sido diseñadas para ayudar a los individuos a alcanzar un crecimiento espiritual integrado y santidad de vida.

Tu opinión es solicitada.

El Instituto de Historia Sagrada da la bienvenida a comentarios sobre *Confesión de Toda la Vida*. Ponte en contacto con nosotros por correo electrónico o carta. Danos ideas, sugerencias e inspiraciones para hacer de este un mejor recurso para católicos y cristianos de todas las edades y caminos de la vida.

Para pedidos a granel y descuentos de grupo,
comunícate con nosotros:
admin-team@sacredstory.net
Instituto de Historia Sagrada y Prensa de Historia Sagrada
1401 E. Jefferson Suite 405
Seattle, Washington, USA 98122

ACERCA DEL AUTOR

Padre William Watson, S.J., D. Min., ha pasado más de treinta años llevando a cabo programas y retiros ignacianos. Ha colaborado extensivamente con el P. Robert Spitzer en los últimos quince años en los retiros ignacianos para ejecutivos corporativos. En la primavera de 2011 inició un instituto, sin fines de lucro, para llevar la espiritualidad ignaciana a los católicos de todas las edades y los caminos de la vida. El Instituto de la Historia Sagrada está promoviendo la evangelización del tercer milenio en nombre de la Sociedad de Jesús y de la Iglesia, usando el *Examen de Conciencia* de San Ignacio.

Padre Watson ha sido Director de Programas de Retiro en la Universidad de Georgetown, vicepresidente de la Misión de la Universidad Gonzaga y Asistente Provincial para Ministerios Internacionales de la Compañía de Jesús en la Provincia de Oregón. Tiene grados de maestría en Estudios Pastorales y en Estudios Teológicos (1986, Escuela Jesuita de Teología de Weston, Cambridge, Massachusetts). Recibió su título de Doctor en Ministerio en 2009 de la Universidad Católica de América (Washington D.C.).

Anotaciones

1 Paul Doncoeur, SJ, *El Corazón de Ignacio*, (Baltimore: Helicon, 1959), 34.

2 La imagen de esta página es de mi *Misal de la Historia Sagrada* (Seattle: Sacred Story Press, 2015), 58.

3 Gabor, Maté: *En el reino de los fantasmas hambrientos: Encuentros cercanos con la adicción* (Berkeley: North Atlantic Books, 2010), 136-7.

4 Si te sientes llamado, puedes reflexionar sobre todo el Decálogo tal como se enumera en el Catecismo de la Iglesia Católica. Puedes comprar un libro de bolsillo barato o puedes acceder al texto en línea:

http://www.vatican.va/archive/catechism_sp/p3s2_sp.html

5 Si te sientes llamado, puedes reflexionar sobre todo el Decálogo tal como se enumera en el Catecismo de la Iglesia Católica. Puedes comprar un libro de bolsillo barato o puedes acceder al texto en línea:

http://www.vatican.va/archive/catechism_sp/p3s2_sp.html

6 La imagen de esta página es de mi *Misal de la Historia Sagrada*, (Seattle: Sacred Story Press, 2015), 13.

[7]   *Catecismo de la Iglesia Católica*: (CCC) 1469--John Paul II, RP 31, 5.

[8]   La imagen de esta página es de mi *Misal de la Historia Sagrada*, (Seattle: Sacred Story Press, 2015), 43.

[9]   "Permanece en Mí" es tomado del epílogo al trabajo de Fr. Watson: *Cuarenta Semanas: Un camino ignaciano a Cristo con la Oración de la Historia Sagrada*.

[10]   Thomas M. King, SJ, Teilhard's Mass: Approaches to The Mass on the World (Mahwah: Paulist Press, 2005) 120.

Sacred Story Institute

Hacer De La Vida Una Historia Sagrada En 15 Minutos Al Día

Instituto de la Historia Sagrada

Made in the USA
Columbia, SC
14 November 2017